Élégies Nationales

ET

Satires Politiques.

𝔓our paraître incessamment :

ÉLÉGIES NATIONALES NOUVELLES,

Servant de complément aux premières.
Brochures in-8°.

ÉLÉGIES
NATIONALES,

ET

SATIRES POLITIQUES,

Par Gérard.

SECONDE ÉDITION.

PARIS,
CHEZ LES LIBRAIRES DU PALAIS-ROYAL.

✤

MAI 1827.

Imprimerie de David,

Boulevart Poissonnière , n° 6.

La loi de la presse est retirée! Ces mots qui viennent de produire tant d'éclat en France, ont retenti bien agréablement à mes oreilles, d'abord à cause du bien qu'une telle mesure fait à notre pays, ensuite à cause de celui qu'elle me fait à moi-même. Lors du succès de cette loi, le présent ouvrage était sous presse, et ce fut la crainte qu'elle inspirait qui m'en fit hâter la publication. Cela put être une excuse de l'incorrection des pièces offertes au public, mais d'après le nouvel ordre de choses, cette même excuse sera peut-être encore valable, parce que je ne pouvais le prévoir. L'indulgence que mon âge fit accorder à la première édition me fait espérer beaucoup pour la seconde, quoiqu'une année de plus m'y donne moins de droit. Quelques-unes des pièces qui la composent ont été corrigées, d'autres ajoutées, et l'on y rencontrera la variété, sinon la perfection.

Et puis, dira-t-on, encore des vers sur Napoléon! Cette observation, jointe à celle du discrédit de la poésie dans ce siècle, formera au moins les deux tiers des articles qui seront publiés sur mon ouvrage, si toutefois on en publie. — Oui, en voici encore; mais pourquoi s'en plaindre? Cet homme-là a tant grandi de sa comparaison avec ceux d'aujourd'hui, que c'est vers son règne que le poète est obligé de remonter, s'il veut trouver de belles pensées et des inspirations généreuses; hors de là tout est dégoût et désenchantement. Pour la satire, c'est autre chose, jamais elle ne fut mieux placée; aussi, mes essais satiriques sont-ils à l'ordre du jour. C'est la partie de mon recueil que j'estime le moins, mais qui me paraît cependant devoir plaire davantage au public, plus avide de rire que de méditer. La sensation que j'éprouve en les composant a quelque chose d'amer et de désagréable : combattre le vice et le crime, est cependant méritoire, mais chanter la vertu et la gloire est plus doux pour le cœur d'un poète, et l'on aimerait mieux avoir à louer ceux qui gouvernent, qu'à les combattre; mais qu'y faire?

TABLE.

❖

Élégies Nationales.

Poésies Diverses.

Satires.

A BÉRANGER.

❋

De mes rêves brillans douce et frêle espérance ,
Ces chants, que produisit un trop rare loisir,
    C'est au poète de la France,
C'est à toi, Béranger, que j'ose les offrir !
J'aurais pu, leur donnant un essor moins rapide,
    Les rendre plus dignes de toi;
    Mais ma Muse a pâli d'effroi
    Devant un avenir perfide.
Pourtant, daigne sourire à ses faibles essais!

Par leur patriotisme ils te plairont peut-être,

Et puissent-ils en moi te faire reconnaître

Sinon un bon poète, au moins un bon Français !

Je le suis, car tes vers plurent à mon enfance,

Car je chéris tes chants nobles ou gracieux,

 Car je sens se mouiller mes yeux,

 Quand ils nous parlent de la France.

ÉPOUVANTÉ de ses revers,

 Mais animé par ses victoires,

 C'est à ses malheurs, à ses gloires,

 Que j'ai voué mes premiers vers.

Plus de succès peut-être attendaient ma jeunesse,

 Si leur vol moins audacieux

 Eût su flatter de sa bassesse

 D'autres autels et d'autres dieux ;

 Mais, à ton idole chérie,

 Ma Muse a consacré ses jours :

 Un sourire de la Patrie

 Vaut mieux que la faveur des cours.

3

Qu'ils partent, je les abandonne,
Ces vers, poétiques enfans,
Soit qu'on leur garde une couronne
Ou qu'on enchaîne leurs accens;
Car déjà l'horizon menace,
Et le but désiré s'efface
Parmi des nuages sanglans!

***

Qui les amoncela? Quel effrayant murmure
A répandu l'effroi dans nos murs attristés?
Quel monstre osa flétrir de son haleine impure
L'espoir de la patrie et de nos libertés?
Ah! déjà ton courage a connu sa puissance,
Et sa fureur, plus d'une fois,
A su livrer ton innocence
Aux fers dont on pare les lois.

***

Mais que dis-je? Ces fers, ils m'attendent peut-être,
Car le monstre odieux nous a tous menacés:

Le disciple comme le maître
Se verront réunis dans ses liens glacés ;
Il suffit, pour s'en rendre digne,
D'aimer la patrie et ses droits,
Et sa lâche fureur étouffera la voix
Du faible passereau, comme celle du cigne.

✳

Pour mon noble pays, dont il voudrait ternir
La liberté, les lois, l'histoire,
J'avais conçu pourtant un plus doux avenir ;
Mon espoir quelquefois y répandit la gloire,
Et crut y découvrir ces tableaux de victoire,
Dont la morte splendeur n'est plus qu'un souvenir ;
Mais, plus tard, j'écartai ces images flatteuses,
Et, modeste en mes vœux, que je plaçai plus bas,
Je rêvai seulement (que ne rêve-t-on pas ?)
Que la France était libre, et qu'elle était heureuse.

✳

Était-ce trop ?—Hélas ! j'oubliais ses malheurs,
j'oubliais cette ligue à sa perte acharnée,

Qui voudrait, à son char la sentant enchaînée,
Triompher de sa chute, et rire de ses pleurs;
Puis, sous un joug honteux, avilie, haletante,
Veuve de ses honneurs pour jamais effacés,

    L'ensevelir toute expirante
    Dans la poudre des temps passés.

BÉRANGER, à l'aspect de la France épuisée,
Alors tu gémirais sur ta lyre brisée,
Et, comme le pouvoir ne peut te pardonner,

    Il ne resterait dans nos villes
Que des serfs, pour te plaindre en regrets inutiles,
    Et des tyrans pour t'enchaîner !

AVANT ce temps cruel, dont j'aperçois l'aurore,
Avant que notre voix ne t'implore qu'en vain,
    Des chants, ô poète divin !
    La France t'en demande encore !
Ce noir présage alors fuira loin de nos cœurs,

Bercés dans un songe de gloire ;
Ainsi qu'aux temps passés, nous nous croirons vainqueurs,
Et pour un avenir nous prendrons leur mémoire.

✾

Mais non, craignons plutôt d'endormir nos esprits
Sur les dangers qui nous menacent :
Que d'autres images se placent
Dans tes énergiques écrits !
Que devant nous, surpris en sa marche perfide,
Le crime comparaisse, hypocrite et livide ;
Qu'à l'aspect effrayant de ses sombres projets,
Dans tous les cœurs vraiment français
Le patriotisme s'éveille !
Qu'on s'écrie : *Il est temps ! Il est temps !* Et, tout bas,
Que la voix du *Sergent* murmure à notre oreille
Ces mots : *Dieu, mes enfans, vous donne un beau trépas !*

PROLOGUE.

Je ne suis plus enfant: trop lents pour mon envie,
Déjà dix-sept printemps ont passé dans ma vie:
Je possède une lyre, et cependant mes mains
N'en tirent dès long-temps que des sons incertains.
Oh! quand viendra le jour où, libre de sa chaîne,
Mon cœur ne verra plus la gloire, son amour,
Aux songes de la nuit se montrer incertaine,
Pour s'enfuir comme une ombre aux premiers feux du jour.

J'ÉTAIS bien jeune encor, quand la France abattue
Vit de son propre sang ses lauriers se couvrir;
Deux fois de son héros la main lasse et vaincue
Avait brisé le sceptre, en voulant le saisir.
Ces maux sont déjà loin : cependant sous des chaînes
Nous pleurâmes long-temps notre honneur outragé;
L'empreinte en est restée, et l'on voit dans nos plaines
Un sang qui fume encor..., et qui n'est pas vengé!

⁂

CES tableaux de splendeur, ces souvenirs sublimes,
J'ai vu des jours fatals en rouler les débris,
Dans leur course sanglante entraîner des victimes,
Et de flots d'étrangers inonder mon pays.
Je suis resté muet; car la voix d'un génie
Ne m'avait pas encor inspiré des concerts;
Mon âme de la lyre ignorait l'harmonie,
Et ses plaisirs si doux, et ses chagrins amers.

⁂

NE reprochez donc pas à mes chants, à mes larmes
De descendre trop tard sur des débris glacés,
De ramener les cœurs à d'illustres alarmes,
Et d'appeler des jours déjà presque effacés :
Car la source des pleurs en moi n'est point tarie,
Car mon premier accord dut être à la patrie ;
Heureux si je pouvais exprimer par mes vers
La fierté qui m'anime, en songeant à ses gloires,
Le plaisir que je sens, en chantant ses victoires,
La douleur que j'éprouve, en pleurant ses revers !

OUI, j'aime mon pays : dès ma plus tendre enfance,
Je chérissais déjà la splendeur de la France ;
De nos aigles vainqueurs j'admirais les soutiens ;
De loin, j'applaudissais à leur marche éclatante,
Et ma voix épelait la page triomphante
Qui contait leurs exploits à mes concitoyens.

MAIS bientôt, aigle, empire, on vit tout disparaître !
Ces temps ne vivent plus que dans le souvenir ;

L'histoire seule un jour, trop faiblement peut-être,
En dira la merveille aux siècles à venir.
C'est alors qu'on verra dans ses lignes sanglantes
Les actions des preux s'éveiller rayonnantes.....
Puis des tableaux de mort les suivront, et nos fils
Voyant tant de lauriers flétris par des esclaves,
Demanderont comment tous ces bras avilis
Purent en un seul jour dompter des cœurs si braves?

Oh! si la lyre encor a des accens nouveaux,
Si sa mâle harmonie appartient à l'histoire,
Consacrons-en les sons à célébrer la gloire,
A déplorer le sort fatal à nos héros!
Qu'ils y puissent revivre, et si la terre avide
Donna seule à leurs corps une couche livide,
Élevons un trophée où manquent des tombeaux!

Oui, malgré la douleur que sa mémoire inspire,
Et malgré tous les maux dont son cours fut rempli,

Ce temps seul peut encor animer une lyre :
L'aigle était renversé, mais non pas avili ;
Alors, du sort jaloux s'il succombait victime,
Le brave à la victoire égalait son trépas,
Quand, foudroyé d'en haut, suspendu sur l'abîme,
Son front mort s'inclinait,.... et ne s'abaissait pas !

Depuis, que rien de grand ne passe, ou ne s'apprête,
Que la gloire a fait place à des jours plus obscurs,
Qui pourrait désormais inspirer le poète,
Et lui prêter des chants dignes des temps futurs ?
Tout a changé depuis : ô France infortunée !
Ton orgueil est passé, ton courage abattu !
De tes anciens guerriers la vie abandonnée
S'épuise sans combats, et languit sans vertu !
Sur ton sort malheureux c'est en vain qu'on soupire,
On fait à tes enfans un crime de leurs pleurs,
Et le pâle flambeau qui conduit aux honneurs
S'allume à ce bûcher, où la patrie expire.

Oh ! si le vers craintif de ma plume sorti,
Ou si l'expression qu'en tremblant j'ai tracée,
Osaient, indépendans, répondre à ma pensée,
Et palpiter du feu qu'en moi j'ai ressenti,....
Combien je serais fier de démasquer le crime,
Dont grandit chaque jour le pouvoir colossal,
Et, vengeant la patrie outragée et victime,
D'affronter nos Séjans sur leur char triomphal ! —
Mais on dit que bientôt, à leur voix étouffée,
Ma faible muse, hélas ! s'éteindra pour toujours,
Et que mon luth brisé grossira le trophée
Dressé par la bassesse aux idoles des cours....

⁂

Qu'avant ce jour encor sous mes doigts il s'anime !
Qu'il aille, frémissant d'un accord plus sublime,
Dans les cœurs des Français un instant réchauffer
Cette voix de l'honneur, trop long-temps endormie,
Que, dociles aux vœux d'une ligue ennemie,
L'intérêt ou la crainte y voudraient étouffer !

LA VICTOIRE.

I.

Au sein des vastes mers, un aride rivage,
Contre qui vient mugir la colère des flots,
Se hérisse de rocs, effroi des matelots,....
Du Corse belliqueux c'est le réduit sauvage :
Là naguères le Sort, allumant un flambeau,
Du bord presque ignoré consacra la mémoire ;
C'est là qu'un jour on vit la gloire
Apparaître auprès d'un berceau.

C'était un jeune enfant: d'une illustre naissance
Rien à l'entour de lui n'annonçait l'opulence ;
Il sommeillait tranquille, et l'arrêt du Destin
N'avait point déposé dans sa tremblante main
Le facile pouvoir d'un sceptre héréditaire ;
Rien qui d'un roi naissant annonçât la splendeur.
N'environnait sa couche, où veillait une mère....
Rien!... L'avenir tout seul contenait sa grandeur !

La déesse, aux regards de la mère étonnée,
Déroula de son fils toute la destinée,
        Et parmi des brouillards obscurs,
        Lui montra sur d'autres rivages
Des fêtes, des combats, vaporeuses images,
        Qui dévoilaient les temps futurs :
Ses avides regards étaient fixés encore,
Quand le divin tableau tout à coup s'évapore ;
Puis un funèbre son retentit à l'entour....
Elle écoute...; ses yeux se remplissent de larmes ; —
        C'était le bruit d'un salut d'armes,
        Et le roulement du tambour !

II.

Qu'il fut doux, le premier sourire
De la tardive liberté!
L'homme accueillit avec délire
Sa naissante divinité :
Alors, dans le transport d'une joie unanime,
Aux rayons d'un nouveau soleil,
La France s'éveilla, comme d'un long sommeil :
Ce fut un rêve encor.... mais il était sublime!

Que ce moment fut beau! Que du peuple français
L'espérance fut noble et fière!
Qu'il fut prompt à saisir cette pure lumière,
Qui de ses yeux bientôt disparut pour jamais! —
Alors, on vit surgir un plus sombre génie;
Alors, on entendit tout un peuple en courroux
Crier : *Mort à la tyrannie!*
Les grands ne semblent grands qu'aux hommes à genoux!
Levons-nous!

La carrière des camps s'ouvrit brillante encore;
  Sortant de leur obscurité,
D'héroïques talens s'empressèrent d'éclore
  A la voix de la liberté :
Mais, puissante au-dehors, la patrie égarée
Par ses fils au-dedans se sentait déchirée;
Insigne révéré d'une fausse grandeur,
Un trône à tous les yeux étalait sa splendeur.....
  Mais sous la pourpre impériale
Des chaînes à ses mains imprimaient leur affront,
  Et la couronne triomphale
Cachait les maux sanglans qui dévoraient son front.

La licence usurpa la place
  De la divine liberté;
  Émerveillés de sa beauté,
  Les hommes marchaient sur sa trace....
  Mais ses sourires séducteurs
  Cachaient des piéges homicides,
  Et ses embrassemens perfides
  Étouffaient ses adorateurs!

III.

Un régime nouveau, favorable à la France,
A ses fils désolés ramena l'espérance,
        Sans ramener la liberté :
Cependant d'un tyran la tête abominable
Teignit aussi de sang l'échafaud redoutable,
Que ses proscriptions avaient alimenté !

A peine revenu de ces horreurs profondes,
Le vaisseau de l'état voguait au gré des ondes,
Et, privé de pilote, abaissant son orgueil,
Flottait de gouffre en gouffre, et d'écueil en écueil.
Un grand homme paraît : il commande à l'orage,
Des passagers surpris ranime le courage,
Et tous ceux qu'il arrache aux destins irrités,
Pour prix de leur salut, cèdent leurs libertés.

Brisant ces libertés, qui n'étaient plus qu'un rêve,
Sur le sceptre conquis il dépose son glaive;
La France à lui s'enchaîne, et grandit sous sa loi;

3

Ainsi jadis, aux bords du Tibre,
Il fallait des Brutus avec le peuple-libre,
Il fallut un César avec le peuple-roi.

Mais César se croit Dieu, car il voit qu'on l'adore;
Au point le plus sublime, il est trop bas encore;
Il se trouve à l'étroit dans ses vastes états,
Et, pour laisser régner sa grandeur solitaire,
Il voudrait étreindre la terre,...,
Dût-elle éclater dans ses bras.

Pour parvenir au but où son orgueil aspire,
Pour couvrir l'attentat fait à la liberté,
Sur une autre divinité
Il concentre l'amour des Français en délire :
Aux sons du clairon belliqueux,
Ils accourent sous ses bannières;
Partout ils vont audacieux
Briguer ses faveurs meurtrières :
Car pour prix d'un noble trépas
Elle leur offre de la gloire...
C'est Bellone! c'est la Victoire!
C'est la déesse des combats!

IV.

La voyez-vous sans cesse, animant leurs cohortes,
Avec ses ailes d'or, sur leurs pas s'élancer,
   Des cités leur ouvrir les portes,
Et, comme la terreur, souvent les devancer;
A leurs regards charmés, oh! qu'elle est douce et belle!
   Elle a des prix pour leurs exploits;
   La flamme en ses yeux étincelle,
   Et ses yeux dévorent les rois!

Napoléon, dont le courage
   Sut la fixer à ses drapeaux,
   Victorieux sur un rivage,
   Vole à des rivages nouveaux;
   Image du dieu de la guerre,
Sa force et son ardeur grandissent sous les yeux;
Il marche, et tout s'enfuit: son pied frappe la terre
Qui vomit des guerriers sous ses pas belliqueux;
   C'est son œil qui lance la foudre,
   Son bras qui fait briller l'acier,
   Et son aigle arrache à la poudre
   Le rameau sanglant du laurier!

Oh! qui pourra chanter ses conquétes rapides?
Qui pourra consacrer des accords assez beaux
　　　A ses actions intrépides,
　　　A ses exploits toujours nouveaux? —
Où sont ces ennemis, qui, vainqueurs en idée,
Se partageaient la France en espoir dégradée....
Demandez-en les noms à la nuit des tombeaux!

V.

Les Alpes... ne sont plus! L'Italie... est vaincue!
Le Brennus colossal est dans Rome abattue!
La balance d'airain, qu'un glaive a fait baisser,
Reçoit l'or, qu'en son sein versent des mains dociles,
　　　Car elle n'a plus de Camilles
　　　Assez forts pour la renverser.

Égypte! c'est l'Égypte! — Et des bras intrépides
　　　Ont conquis ces climats brûlans,
　　　Et le sang des fiers Musulmans,
　　　Engraisse les sables arides:
De nos soldats vainqueurs les déserts sont peuplés...

Quarante siècles assemblés
Les contemplent des Pyramides!

Que dirai-je de plus?.... Tout a subi nos lois!....
Les discordes partout languissent étouffées;
Nos guerriers ont bravé les chaleurs et les froids,
Partout ils ont jeté de superbes trophées,
Et l'avenir s'effraie en comptant leurs exploits.

VI.

Comme au soleil couchant cette ville étincelle!
De ses grands monumens que la structure est belle!
L'or fait briller au loin les toits de ses palais.... —
C'est Moscou! c'est Moscou! — France, encor de la gloire!
   C'est le plus beau de tes succès!
C'est Moscou! quelle page attachée à l'histoire!
Que d'immortalité dans ce cri de victoire!

LA RUSSIE.

I.

ARRÊTE, esprit sublime! arrête!
Du sort crains de braver les lois!
Dieu qui commande à la tempête
L'agite sur le front des rois;
Son bras pourra réduire en poudre
Ton laurier, qu'on croit immortel,...
Et tu t'approches de la foudre,
En t'élançant aux champs du ciel.

Silence! La Nuit veille encore,
Les arrêts du Destin ne sont pas révolus :
Mais à l'ombre qui fuit succédera l'aurore,..
Et celle d'Austerlitz ne reparaîtra plus!

Dans le palais des Czars, Napoléon repose : —
Sans doute un songe heureux, sur ses ailes de rose,
D'héroïques tableaux vient bercer son espoir : —
Il est là! dans Moscou soumis à son pouvoir !...
Mais ce n'est pas assez : quand pour lui tout conspire,
Quand d'un nouvel éclat tout son astre a relui,
Un destin plus brillant a de quoi le séduire...
Cet empire dompté... Qu'ai-je dit? Un empire!
Le monde entier, le monde... et c'est bien peu pour lui.

II.

Mais, qu'il rêve d'éclat! qu'il rêve de conquête!...
Il ne dormira plus d'un semblable sommeil :
Près du chevet royal où repose sa tête,
Le malheur est debout,... et l'attend au réveil!

Le malheur ! il grandit à la faveur de l'ombre ;
Bientôt le sol gémit sous son colosse affreux,
Son œil rouge étincèle au sein de la nuit sombre,

  Et sur son front cadavéreux,
  Qu'un sanglant nuage environne.
Brille de longs éclairs, une horrible couronne.
Il vomit l'incendie; aux traces de ses pas,
  De sang noir un fleuve bouillonne,
Et ses bras sont chargés de neige et de frimats.

Il s'élance!—On s'éveille, on voit,.... on doute encore!
D'un premier jour de deuil épouvantable aurore,
Quelle clarté soudaine a frappé tous les yeux ?
La flamme à longs replis s'élance vers les cieux,
Gronde, s'étend, s'agite, environne et dévore.
Oh! de quelle stupeur Bonaparte est frappé,
Quand devant lui Moscou s'écroule, enveloppé
De l'incendie affreux, que chaque instant rallume !
Qu'un triste sentiment doit alors l'émouvoir !....
C'est son triomphe, hélas! ses projets, son espoir,
Qu'emporte la fumée, et que le feu consume!

III.

Son front s'est incliné : d'un brillant souvenir
Il veut en vain flatter sa pensée incertaine....
Mais le passé n'est plus qu'une image lointaine
    Qui s'abîme dans l'avenir !

Peut-être d'autres temps lui présentaient naguères
Du pouvoir des humains les splendeurs passagères,
Des sceptres, des bandeaux, sublimes attributs;... —
Hélas ! au jour du deuil tout souvenir s'efface ;
Quand l'avenir est là, qui gronde, qui menace,
L'image du bonheur n'est qu'un tourment de plus !

Cet avenir,... ô France ! ô ma noble patrie !
Toute sa profondeur bientôt se déroula :
Quelle est la nation qui n'en fut attendrie ?
    Quel est l'homme qui n'en trembla ?
Et tel fut le destin dont tu tombas victime,

Que l'on ignore encor si, du fond de l'abîme,

Jalouse de ta gloire, et croyant la ternir,

La haine de l'enfer amoncela l'orage,...

Ou, du trop de grandeur dont tu fis ton partage,

Si l'équité du ciel prétendit te punir !

IV.

Dans cette héroïque retraite,

Qui des guerriers français a moissonné la fleur,

L'enfer ou le ciel fut vainqueur.......

Mais nul pouvoir humain n'eut part à leur défaite. —

C'est en vain que du Nord les hideux bataillons,

Palpitans d'une horrible joie,

Fondaient sur les mourans en épais tourbillons,

Comme des corbeaux sur leur proie : —

Ardens, ils s'élançaient : mais, au bruit de leurs pas,

De quelque arme usée ou grossière

L'agonie un instant armait son faible bras,

Par un dernier effort, s'arrachait à la terre,

Que de morts elle allait couvrir....

Et dans cette couche guerrière

Exhalait le dernier soupir !

GLOIRE! A cet aspect de la mort ranimée,
Des preux, dont le trépas semble encor menacer,
L'ennemi dans ses rangs vient de laisser passer
Les lambeaux de la Grande Armée :
Tant qu'il reste des bras pour soutenir son poids,
La bannière voltige à l'entour de sa lance,
L'aigle triomphateur dans les airs se balance,
Et sa menace encor fait tressaillir les rois!
O Russes, déjà fiers des triomphes faciles
Que votre espoir s'était promis,
Il ose à vos regards surpris
Passer, toujours debout sur ses appuis mobiles! —
Mais, hélas! contre lui si vos efforts sont vains,
Bientôt votre climat vengera votre injure,
Rassurez-vous : celui qui vainquit les humains
Est sans pouvoir sur la nature!

V.

EH bien! c'en est donc fait!...Nos compagnons sont morts!
Ils dorment aux déserts de la froide Russie,
La neige des hivers sur eux s'est épaissie,
Et, comme un grand linceul, enveloppe leurs corps!
Bien peu furent sauvés : mais combien la patrie

Dut réveiller d'amour en leur âme attendrie!
Ils avaient vu sur eux tant de ciels étrangers,
Supporté tant de maux, couru tant de dangers,
Qu'ils dûrent bien sentir, en revoyant la France,
Si la terre natale est douce après l'absence! —
Mais leur enchantement fut bientôt dissipé,
La haine, la discorde agitaient nos provinces,
D'autres temps en nos murs amenaient d'autres princes,
Et le présent payait les dettes du passé.

FONTAINEBLEAU.

I.

Ô mes concitoyens, que notre histoire est belle!
De quels récits brillans elle enivre nos cœurs!
Que de fois elle y va, par ses accens vainqueurs,
D'un courage endormi réveiller l'étincelle!
Dans ses feuillets brûlans si l'œil erre parfois,
Un charme impérieux de plus en plus l'engage,
        Et l'entraîne de page en page,
De triomphe en triomphe, et d'exploits en exploits :
On ne respire plus; la paupière attendrie
        Roule une larme de plaisir,
Et, plein du noble orgueil qui vient de le saisir,
Tout le Français palpite, et dit : « C'est ma patrie! »

🅜AIS, plus on fut sensible à ses honneurs passés,

Plus du revers qui suit la lecture est amère;

Plus on gémit de voir ses beaux jours effacés,

Et ses aigles sacrés traînés dans la poussière.

Que l'on maudit alors les citoyens ingrats!

     Qui trafiquèrent de ses larmes;

Car en ce temps l'honneur ne quitta point ses armes,

Et son abaissement ne la dégrada pas :

Non, ses mourans efforts, consignés dans l'histoire,

     Y brilleront d'assez d'éclat

Pour lui recomposer une nouvelle gloire :

Mais, pour les hommes vils qui vendirent l'état,

Clio gardera-t-elle une page assez noire?

     Ah! si du dernier scélérat,

Dans ses tableaux vengeurs la place est assignée,

Plus bas, plus bas encor, qu'elle ose les placer;

Et, quel que soit leur rang, que la page indignée

Ne reçoive leurs noms, que pour les dénoncer!

II.

Oui, sans la trahison de ces hommes perfides,

Qui, par l'or des tyrans depuis long-temps soumis,

Livrèrent, sans combats, au joug des ennemis
      Leurs concitoyens intrépides,
Contre nos légions, en vain les potentats
Eussent amoncelé des millions de soldats....
Loin des nobles remparts promis à la vengeance
On eût vu, sans honneur, s'éloigner leurs drapeaux,
Ou leur barbare espoir n'eût conquis dans la France,
      Que des prisons et des tombeaux.

NFRUCTUEUX efforts des braves!
Coups d'un bras affaibli, dont le glaive est brisé!
Derniers élancemens d'un courage épuisé,
      Qui se débat dans les entraves!...
Que pouviez-vous, hélas! contre le sort cruel,
Quand il eut prononcé son arrêt inflexible?....
      La chute est belle, mais terrible
      Pour celui qui tombe du ciel!

FRANÇAIS! cette lutte avec la destinée,
Conserva cependant votre honneur tout entier;
      Et plus d'une grande journée,
Vint joindre à des cyprès un éclatant laurier:

5

Jamais, en vos jours de victoire,
Il n'eût été si noble et si bien mérité,....
Tant votre défaite eut de gloire,
Votre chute de majesté!

III.

Mais silence! silence! une imposante image
Se déroule devant nos yeux;
L'aigle national, précipité des cieux,
Se débat au sein de l'orage;
Frappé d'un trait empoisonné,
Bientôt il roule dans la poudre,
A son ongle échappe la foudre,
Et son front s'est découronné.

Ne cherchez plus aux cieux le héros, que naguère
Le sort intronisa roi des rois de la terre;
Ce sceptre colossal est tombé de ses mains:
Et l'on ne verra plus, au signal qu'il leur donne,
Se prosterner devant son trône,
Toute une cour de souverains.

C'est en vain qu'il menace et qu'il résiste encore,
Sa grandeur a passé comme un vain météore,
Comme un son qui dans l'air a long-temps éclaté ;
Peut-être que ce bruit de la puissance humaine,
Avait frappé l'écho d'une rive lointaine....
Mais les vents ont tout emporté!

Il est temps! il est temps! jetez des cris d'ivresse,
Rois, qui rampiez à ses genoux ;
Vengez-vous de votre bassesse
En le rabaissant jusqu'à vous !
Il s'est livré lui-même à la fureur commune,
Osez le déchirer.... car il est sans appui ;
Et les lâches flatteurs qui grandirent sous lui,
L'ont renié dans l'infortune !

IV.

Napoléon frémit, mais n'est point abattu...
Car, qui peut imposer de borne à l'espérance ?
Il croit à sa fortune, il croit à la vengeance,
Et de mille pensers son cœur est combattu :
Il semble cependant qu'une plus vive flamme

Rallume son courage au milieu des revers,
Et que l'adversité qui frappe sur son âme
   En ait fait jaillir des éclairs :
« Amis, dit-il, un jour viendra pour la vengeance,
Puisque la trahison la livre à ses tyrans,
   Craignons de déchirer la France
   En la défendant plus long-temps :
A notre épuisement, qu'on croit une défaite,
L'Italie offre encore une noble retraite,
Qu'on m'y suive et bientôt.... »
               Il n'a point achevé,
Car, au lieu d'enflammer, il ne fait que confondre ;
Et dans tous les regards, qui craignent de répondre,
Son œil cherchait l'espoir... et ne l'a pas trouvé.

Infidèle à sa gloire, en un moment flétrie,
Un guerrier a livré son maître et sa patrie ;
On l'apprend... Aussitôt tout est muet, glacé ;
Soit découragement, soit trahison, soit crainte,
Par un souffle de mort la valeur semble éteinte,
Et dans des cœurs français l'honneur semble effacé :
Que peut Napoléon, si rien ne le seconde ?
Partout abandonné, paralysé, trahi ;
Il voit que c'en est fait, que son règne est fini,
Et d'un seul trait de plume il abdique le monde !

V.

Le héros va partir ; mais il cherche des yeux
Quels seront les objets de ses derniers adieux :
Exilé loin d'un fils, d'une épouse qu'il aime,
Serait-il sans parens, comme sans diadême ?
Non ! près de lui restés, quelques braves soldats,
Pour la dernière fois se pressent sur ses pas.
Ces preux, feuillets vivans d'une héroïque histoire,
Semblent représenter tout un siècle de gloire ;
Et, de mille combats magnanimes débris,
Sur leurs corps mutilés les porter tous écrits :
Les voilà ses parens ! La voilà sa famille !
Une larme muette en leurs yeux roule et brille,
Tous leurs fronts sont levés, tous leurs bras étendus
Vers celui que sans doute ils ne reverront plus....
Touché de leur douleur, que lui-même il partage,
Napoléon s'arrête, et leur tient ce langage :

« Soldats, cédant aux coups du sort victorieux,
J'abandonne l'empire, et vous fais mes adieux ;
J'ai guidé vos drapeaux aux champs de la victoire....

M'avez-vous secondé?... J'en appelle à l'histoire ! —

Mais ces temps ne sont plus, et trahissant leur foi,

Tous les rois mes sujets ont armé contre moi :

Les Français aux tyrans sont livrés par des traîtres,

Et même quelques-uns veulent de nouveaux maîtres:

Long-temps peut-être encor je pouvais avec vous

Des destins conjurés balancer le courroux ,....

Mais la France eût souffert, et je lui sacrifie

Ma couronne, ma gloire, et, s'il le faut, ma vie :

Son bonheur est le mien... Je pars; vous, mes amis,

Au monarque nouveau demeurez tous soumis ;

Ne plaignez pas mon sort ; loin des honneurs suprêmes

Je pourrai vivre heureux si vous l'êtes vous-mêmes. —

Mes ennemis diront que j'aurais dû mourir,

Mais il est d'un grand cœur de savoir tout souffrir....

D'ailleurs je puis encore attendre quelque gloire :

J'eus part à vos hauts faits, j'en écrirai l'histoire. »

» JE voudrais, sur mon cœur, pouvoir vous presser tous....

Votre aigle est près de moi, je l'embrasse pour vous :

Aigle, de nos exploits sublime spectatrice,

Que dans tout l'avenir ce baiser retentisse ! —

Vous, ne m'oubliez pas, voilà mon dernier vœu....

Mes amis ! mes enfans ! et toi, mon aigle.... adieu ! »

VI.

Tous les soldats debout gémissaient sur leurs armes ;
Le héros se dérobe à leurs cris, à leurs larmes,
Ce spectacle touchant, ces sublimes douleurs,
Aux étrangers présens ont arraché des pleurs :
O tableau déchirant! ô regret magnanime!
Celui qui vous causa fut-il le dieu du crime?
Français, fut-il un monstre au mal seul empressé?
Fut-il?... mais il suffit... Vos pleurs ont prononcé!

L'ILE D'ELBE.

Non loin des rivages de France,
Il est une île au sein des mers :
C'est là que veille l'espérance
Et le fléau de l'univers ;
Et c'est là, qu'abusant du droit de la victoire,
On jeta le héros poudreux et renversé,
Pour l'y laisser vieillir comme un glaive émoussé,
Qui se ronge dans l'ombre, et se rouille sans gloire.

6

Pourtant à l'exilé la rigueur du destin
N'a point encor ravi l'aspect de la patrie,
Et souvent à ses yeux une rive chérie
Se dessine incertaine à l'horizon lointain.

Aussi, lorsque du soir descend l'heure rêveuse,
Il promène ses pas près des flots azurés,
      Et sa pensée aventureuse
Voltige avec ardeur vers ces bords désirés.

Mais un jour que ses yeux, rayonnans d'espérance,
Avec plus de transport dirigés vers la France,
En cherchaient l'ombre vague au bout de l'horizon :
D'un sifflement lugubre environnant sa tête,
Une voix lui cria du ton de la tempête :
      « Napoléon ! Napoléon ! »

Cette exclamation, pour tout autre effrayante,
A retenti trois fois : le héros étonné
      L'entend ; et, de sa main brûlante,
Soulève en murmurant son front découronné.

Et la voix ironique a repris la parole :
« Napoléon *le grand*, qui t'arrête en ce lieu ?

   Qu'as-tu fait de cette auréole,
Qui brillait à ton front comme à celui d'un dieu ?
Pourquoi donc par le temps laisser ronger tes armes ?
Pourquoi laisser couler ton âme dans les larmes,
Toi qui ne pus jamais comprendre le repos ?...
N'as-tu donc plus la main qui lance le tonnerre ?
N'as-tu plus le sourcil qui fait trembler la terre ?
N'as-tu plus le regard qui produit les héros ? »

« Serait-ce que ton bras se lasse de la guerre,
Ou tes amusemens cessent-ils de te plaire ?

   Car dans tes loisirs autrefois,

   Tu jouais avec des couronnes ;

   Et l'univers vit à ta voix

   Des rois qui tombaient de leurs trônes,

   Et des soldats qui *passaient* rois.
Depuis..... »

Napoléon a changé de visage :
« Qui que tu sois, dit-il, cesse un cruel langage,

Il faut, pour m'outrager, attendre mon trépas,
L'enfer est contre moi, mais ne prévaudra pas. »

LA VOIX.

Audacieux mortel, quelle est ton espérance?
Ta main paralysée abdiqua la puissance,
Songes-tu maintenant?....

NAPOLÉON.

     Pourquoi dissimuler?...
Au bruit de mon réveil, l'univers peut trembler!

LA VOIX.

L'univers,... il rirait de ta vaine menace.

NAPOLÉON.

Le succès, je l'espère, absoudra mon audace;
Et tel événement, en servant mes projets,
Peut me placer plus haut que je ne ne fus jamais.

LA VOIX.

Eh! si toujours ton cœur à la couronne aspire,
Si c'est par lâcheté que tu quittas l'empire,
Honte à toi!...

NAPOLÉON.

   Non; plutôt honte à mes ennemis!

Car ils n'ont pas tenu ce qu'ils avaient promis :

Par l'abdication de toute ma puissance,

Je croyais épargner des malheurs à la France ;

Mais j'eus tort seulement de compter sur leur foi,

Et le cri de mon peuple est venu jusqu'à moi :

Mon œil a vu d'ici sa profonde misère,

Ses triomphes livrés à l'envie étrangère,

Ses monumens détruits et ses champs dévastés,

La discorde, la haine agitant ses cités,

La trahison.....

LA VOIX.

Pour lui que pourrait ta faiblesse ?

Jadis il imposait la chaîne qui le blesse,

On lui rend maintenant les maux qu'on a soufferts....

Crains donc de le défendre, et laisse lui ses fers !

NAPOLÉON. (*Il paraît absorbé, et réfléchit profondément.*)

Crainte, repos,... enfer de toute âme brûlante

Victime d'une injuste loi,

Le père des humains tourne sa vue ardente

Vers le séjour dont il fut roi ;

Il voudrait, pénétrant dans l'enceinte sacrée,

Ressaisir son pouvoir en dépit des destins :

Mais un géant veille à l'entrée,

Et la foudre luit dans ses mains.

La foudre, le géant, qui d'une âme timide

    Paralysent les faibles pas,

    Ne sont rien pour l'homme intrépide

    Dont l'esclavage est le trépas :

Le péril qui l'attend, s'il veut briser sa chaîne,

Ne fait, en l'indignant, qu'aiguillonner son cœur;

Qu'importe que la mort du vaincu soit la peine,

Si le sceptre et la gloire est le prix du vainqueur.

Bien plus,... de son courage, ou bien de sa vengeance,

Si déjà tout un peuple attend sa délivrance,

Un noble sentiment par l'honneur inspiré

    L'appelle vers ceux qu'on opprime;...

    Alors hésiter est un crime,

    Oser est un devoir sacré !

Par l'oubli des traités on a brisé ma chaîne,

On menace, en ces lieux, mes jours, ma liberté :

C'est du sang qu'il faudra... le sort en est jeté. —

Ah ! mon âme en frémit... mais n'est point incertaine.

    L'imprudent qui m'a remplacé,

Aux Français opprimés a dit, pour qu'on le craigne.

« Peuples, prosternez-vous ! je suis roi, car je règne;

    » Votre empereur est renversé. » —

Oui, j'abdiquai l'empire, il en a l'avantage;
Mais je n'ai point de même abdiqué mon courage,
En siégeant à ma place il a compté sans moi...
Car, détrônant l'espoir où son orgueil se fonde,

    A mon tour je vais dire au monde:

    « Je suis vivant, donc je suis roi! »

LA VOIX.

Alors ta royauté sera bien éphémère,
Car la mort doit répondre à tes prétentions;
Et tu verras tomber ton aigle et son tonnerre

    Sous le glaive des nations. —

Mais, que dis-je? La mort n'est rien à ton courage!
Le feu d'un grand dessein dévore tout effroi;
A ta présomption qu'importe un noir présage?
Tout ton destin t'enchaîne et tu n'es plus à toi.

NAPOLÉON.

Le destin m'appartient, et moi-même à la France;
C'est pour son bonheur seul que j'emploierai toujours

    Mon glaive, mes vœux, ma vengeance,

    Et ce qui reste de mes jours.

Va, quoique ta menace ait annoncé l'orage,
Une barque m'attend, et tout est décidé...
Mille peuples, en vain, veillent sur passage...

Six cents Français et moi , — l'équilibre est gardé !
Mais toi, pour qui , dis-tu, l'avenir se révèle;
Toi , dont la prophétie est pour moi si cruelle ,
Quel est ton nom ? Viens-tu des cieux, ou des enfers?

LA VOIX.

Tu le sauras un jour; vas où le sort t'appelle :
Je t'attends au-delà des mers !

Poésies Diverses.

Moi , je chante la gloire et non pas la puissance.

CHÉNIER.

TALMA.

1826.

Ah! de quelle splendeur brillaient nos jours passés,
Quand un autre soleil échauffait la patrie;
Quand nos jeunes lauriers, vers le ciel élancés,
Agitaient noblement leur tige refleurie !
Ces grands jours, déjà loin, ne vont plus s'éveiller:
        Notre avenir se décolore,
Et le siècle prodigue a jeté dès l'aurore
        Tout l'éclat dont il dut briller.

Sur un rocher désert notre grand capitaine
Du poids de ses malheurs se sentit accablé ;
Et comme lui, plus tard, une plage lointaine
    Dévora David exilé !

Que de gloire, que d'espérance
   On voit s'éteindre chaque jour !
   De la couronne de la France
   Que de fleurs tombent sans retour !
   Que de mortels de qui l'aurore
   Rayonna d'immortalité,
   Et dont ce siècle, jeune encore,
   Est déjà la postérité !

Un regret plus profond nous a frappés naguère ;
    Le modèle du citoyen,
De notre liberté le plus digne soutien,
    Est descendu dans la poussière ! —
Mais encore une fois le sol s'est divisé :
    C'est une autre fosse qu'on ouvre ;
    Près de la terre qui le couvre,
    Un nouveau tombeau s'est creusé !
    Qu'attend-il ? Quelle autre victime
    Doit y descendre cette fois ? —

C'est cet interprète sublime

Qui fit souvent parler les rois :

A sa vue, à ses traits, vers les jours d'un autre âge,

L'homme se croyait transporté,

Et dans sa voix, dans son visage,

Vivait toute l'antiquité.

Héros de la Grèce et de Rome,

O vous, l'honneur des temps passés,

Vous tombez avec le grand homme

Qui vous a si bien retracés.

Il meurt, ce flambeau de la scène

Que long-temps son souffle anima :

Pleurez, amans de Melpomène ,

Pleurez TALMA ! Pleurez TALMA !

Ah ! chargez de lauriers la terre enorgueillie :

Des lauriers, des lauriers encor !

Français, la gloire et le génie

Perdent un bien riche trésor !

Qui pourra jamais rendre une telle espérance

Aux arts surpris et triomphans ?

Il faut des siècles à la France

Pour produire de tels enfans.

Nous ne l'entendrons plus ! — Cet organe sublime
Qui fit si bien parler le courage et le crime,
Et pénétra nos cœurs de sentimens si beaux,
S'est éteint pour jamais dans la nuit des tombeaux !
Nous ne le verrons plus !—C'est en vain qu'au théâtre,
Qu'il remplit si souvent d'une foule idolâtre,
Nous chercherons ce port si plein de majesté,
Cette toge où vivait un air d'antiquité,
Cet œil étincelant d'une si noble flamme,
Ces traits pleins d'énergie, où s'imprimait son âme,
Cet organe brûlant, tant de fois entendu,
Qui traînait après soi notre esprit suspendu....
Plus de TALMA ! — La scène, à tous les yeux déserte,
D'inutiles acteurs en vain sera couverte ;
En vain d'attraits nouveaux on voudra l'embellir...
Un vide y restera... qui ne peut se remplir.

Écoutez ! Écoutez ! Je crois entendre encore
Les sublimes accens de cette voix sonore :
Ici Brutus, aux yeux du public transporté,
Parle de la patrie et de la liberté ;
Germanicus trahi périt avec courage,
Et Régulus s'écrie : A Carthage ! A Carthage !
Marius et Sylla rappellent par leurs traits

Ceux d'un héros plus grand, cher encore aux Français;
Manlius indigné contre Rome conspire,
Et César perd la vie en acceptant l'empire.

D'OTHELLO, d'Orosmane, objets de nos terreurs,
Qu'il représente bien les jalouses fureurs !
  Que de rage dans leur sourire !
Au fils d'Agamemnon qu'il prête en son délire
  Une étonnante vérité !
  Rien de lui-même en lui ne reste,
  Ce n'est plus TALMA..., c'est Oreste...,
  C'est Oreste ressuscité !

— ET le voilà !!! — Pour lui la tombe s'est ouverte :
La France maintenant peut mesurer sa perte !
Elle voit son cercueil pour la dernière fois :
Où le placera-t-on ? Quelle noble demeure
Garde-t-on pour celui sur qui la France pleure ?
Va-t-il, comme Garrick, dans le tombeau des rois ?
  — Non ! le grand homme qui succombe
  Est, *dit-on*, digne de l'enfer ;
L'Éternel le réprouve, et l'Église à sa tombe
Refusera ses pleurs qui se vendent si cher.

ODE.

I.

Ce Temps ne surprend pas le sage,
Mais du Temps le sage se rit,
Car lui seul en connaît l'usage:
Des plaisirs que Dieu nous offrit
Il sait embellir l'existence,
Il sait sourire à l'espérance,
Quand l'espérance lui sourit.

II.

Ce bonheur n'est pas dans la gloire,
Dans les fers dorés d'une cour,

Dans les transports de la victoire,
Mais dans la lyre et dans l'amour :
Choisissons une jeune amante,
Un luth qui lui plaise et l'enchante :
Aimons et chantons tour-à-tour.

III.

« ⒾLLUSIONS ! vaines images ! »
Nous diront les tristes leçons
De ces mortels prétendus sages
Sur qui l'âge étend ses glaçons :
« Le bonheur n'est point sur la terre,
» Votre amour n'est qu'une chimère,
» Votre lyre n'a que des sons. »

IV.

Ⓐн ! préférons cette chimère
A leur froide moralité ;
Fuyons leur voix triste et sévère ;
Si le mal est réalité,
Et si le bonheur est un songe,

Fixons les yeux sur le mensonge,
Pour ne pas voir la vérité.

V.

Aimons au printemps de la vie,
Afin que d'un noir repentir
L'automne ne soit point suivie;
Ne cherchons pas dans l'avenir
Le bonheur que Dieu nous dispense ;
Quand nous n'aurons plus l'espérance,
Nous garderons le souvenir.

VI.

Jouissons de ce temps rapide,
Qui laisse après lui des remords,
Si l'amour, dont l'ardeur nous guide,
N'a d'aussi rapides transports :
Profitons de l'adolescence,
Car la coupe de l'existence
Ne pétille que sur ses bords.

SAINTE-HÉLÈNE.

Au milieu de la mer qui sépare deux mondes,
Un rocher presque nu s'élève sur les ondes,
Et son sinistre aspect remplit l'âme de deuil :
C'est là que tant de gloire est par la mort frappée ;
Et l'on y voit un nom, une croix, une épée,...
Tous trois jetés sur un cercueil !

Ce nom pourra long-temps résonner dans l'histoire
Car naguère, semblable au bronze des combats,

Qui marque tour à tour un triomphe, un trépas,

Il annonça la mort, ainsi que la victoire :

Dès qu'il retentissait comme un signal lointain,

L'un frémissait de crainte, et l'autre de courage,

On volait à la gloire, on volait au carnage,

Et les mères pressaient leurs enfans sur leur sein !

La Croix, tant qu'il vécut, fut l'étoile des braves :

C'était par ses nobles entraves

Qu'il s'attachait des défenseurs ;

Elle rendit la France en grands hommes féconde ;

Et, quand elle éclatait au ciel et sur les cœurs,

Dans ce nouveau soleil qu'il jeta sur le monde,

L'œil put distinguer trois couleurs.

La voilà, cette illustre épée

Qui fit le sort de cent combats :

Que de fois dans le sang sa lame fut trempée !

Qu'elle a moissonné de soldats !

Le bras qui la portait fit un vaste ravage,

Elle se reposa, quand ce bras fut lassé !...

Mais l'avide vautour, qu'attire le carnage,

Sait dans quels lieux elle a passé !

MAINTENANT qu'il n'est plus, le fils de la victoire,
Cessez, faibles mortels, d'outrager sa mémoire ;
Relevez ses lauriers trop long-temps avilis :
Puisque de ses revers il a porté la peine,
Oubliez les erreurs du serf de Sainte-Hélène,
En songeant aux exploits du héros d'Austerlitz ! —
Il ne doit qu'à Dieu seul le compte de sa vie :
Qui sait s'il ne fut pas plein de la seule envie
D'attacher des lauriers à nos fiers étendards ;
Si ce n'est pas pour nous qu'il conquit la victoire,
Et s'il ne rêva pas, au milieu des hasards,
La gloire de la France, et non sa propre gloire ?

ON dit qu'il fit le mal ; mais les cruels destins
Permettent-ils toujours le bien à la puissance ?
Qu'on a vu de ces rois, maudits par les humains,
A qui le sot jaloux défendit la clémence !
Souvent les noirs complots de quelques courtisans
Font le crime d'un prince et l'effroi de la terre :
Rois, chassez de vos cœurs ces monstres malfaisans ;
Il suffit d'un Séjan pour former un Tibère.

Eh ! quels rois bienfaiteurs n'a-t-il pas effacés ?
Que n'a-t-il pas tenté pour l'honneur de la France ?
A quel degré sublime il porta sa puissance !
C'est par lui qu'elle a vu ses vainqueurs repoussés,
Que ses armes partout ont porté sa mémoire,
Que, des climats brûlans jusqu'aux climats glacés,
Le nom de chaque plaine est un nom de victoire !

Trop heureux s'il n'eût point passé le Rubicon : —
Maintenant, il est là ! — Que dis-je ? Si la terre
Ne garde ici de lui qu'une vaine poussière,
A peine l'univers peut contenir son nom ;
Et ce nom, qui grondait à l'égal du tonnerre,
Est sur le cœur des rois demeuré comme un plomb !..
Car il fut un de ceux qui méprisent la vie,
Qui, rois de l'avenir, survivent au trépas :
Mortels, dignes du ciel, que le ciel nous envie !
Mortels, que la mort frappe..., et n'anéantit pas !

Ile de l'Océan, salut à ton rivage !
Le monde entier te doit un éternel hommage,

Et les âges futurs un noble souvenir :
Car les peuples puissans, qui t'ignoraient naguère,
Comme un flot abaissé, rentreront dans la terre ;
Mais toi, ton nom déjà remplit tout l'avenir !

Salut au noble chef, qui, lassé de combattre,
Déposa sur tes bords le poids de sa grandeur !
Il résista long-temps ; mais il se vit abattre
Par ceux qu'il dévorait des feux de sa splendeur ;
Ile de l'Océan, le voilà sans couronne !
Son cercueil est obscur, comme fut son berceau ;
  Tu n'as jamais connu ton trône....
  Mais tu possèdes son tombeau !

Son tombeau ! Quel est-il ? Sous une étroite pierre,
En vain l'on cherche un nom répété tant de fois :
Celui du conquérant, qui n'est plus que poussière,
Le nom du dieu mortel, le nom du roi des rois...
  C'est en d'autres pays qu'il gronde,
  Qu'il cause l'espoir ou le deuil...
  Il avait soulevé le monde,
  Il eût soulevé le cercueil !

Les Bardes bien long-temps le rediront encore,
Jusqu'à ce qu'un mortel, favorisé des cieux,

  Le chante sur un luth sonore

  Aussi bien qu'on chante les dieux :

  Son travail serait difficile ;

Il faudrait qu'au héros le chantre fût égal...
Car Homère n'a point rencontré de rival,

  Et n'avait célébré qu'Achille !

LA GLOIRE.

Le temps, comme un torrent, roule sur les cités;
Rien n'échappe à l'effort de ses flots irrités :
En vain quelques vieillards, sur le bord du rivage,
Derniers et seuls débris qui restent d'un autre âge,
Roidissant contre lui leur effort impuissant,
S'attachent, comme un lierre, au siècle renaissant :
De leurs corps un moment le flot du temps se joue,
Et, sans les détacher, les berce et les secoue ;
Puis bientôt, tout gonflés d'un orgueil criminel,
Les entraîne sans bruit dans l'abime éternel.

O chimère de l'homme! ô songe de la vie!
O vaine illusion, d'illusions suivie!

Qu'on parle de grandeur et d'immortalité...

Mortels, pourquoi ces bruits de votre vanité ?

Qu'est-ce ? Un roi qui s'éteint, un empire qui tombe ?

Un poids plus ou moins lourd qu'on jette dans la tombe....

A de tels accidens, dont l'homme s'est troublé,

Le ciel s'est-il ému ? le sol a-t-il tremblé ?...

Non, le ciel est le même, et dans sa paix profonde

N'a d'aucun phénomène épouvanté le monde :

Eh ! qu'importe au destin de la terre et des cieux

Que le sort ait détruit un peuple ambitieux,

Ou bien qu'un peu de chair d'un puissant qu'on révère

Ait d'un nouvel engrais fertilisé la terre !

Et vous croyez, mortels, que Dieu, par ses décrets,

Règle du haut des cieux vos petits intérêts,

Et choisissant en vous des vengeurs, des victimes,

Prend part à vos vertus aussi bien qu'à vos crimes,

Vous montre tour à tour ses bontés, son courroux,

Vous immole lui-même, ou s'immole pour vous ?....

O vanité de l'homme, aveuglement stupide,

D'un atôme perdu dans les déserts du vide,

Qui porte jusqu'aux cieux sa faible vanité,

Et veut d'un peu plus d'air gonfler sa nullité !

Hélas ! dans l'univers, tout passe, tout retombe

Du matin de la vie à la nuit de la tombe !

Nous voyons, sans retour, nos jours se consumer,
Sans que le flambeau mort puisse se rallumer;
Tout meurt, et le pouvoir, et le talent lui-même,
Ainsi que le vulgaire, a son heure suprême.

Une idée a pourtant caressé mon orgueil,
Je voudrais qu'un grand nom décore mon cercueil;
Tout ce qui naît s'éteint, il est vrai, mais la gloire
Ne meurt pas tout entière, et vit dans la mémoire;
Elle brave le temps, aux siècles révolus
Fait entendre les noms de ceux qui ne sont plus;
Et, quand un noble son dans les airs s'évapore,
Elle est l'écho lointain qui le redit encore.

Il me semble qu'il est un sort bien glorieux :
C'est de ne point agir comme ont fait nos aïeux,
De ne point imiter, dans la commune ornière,
Des serviles humains la marche moutonnière.
Un cœur indépendant, d'un feu pur embrasé,
Rejette le lien qui lui fut imposé,
Va, de l'humanité lavant l'ignominie,
Arracher dans le ciel ces dons qu'il lui dénie,
S'élance, étincelant, de son obscurité,
Et s'enfante lui même à l'immortalité.

Dans mon esprit charmé, revenez donc encore
Douces illusions que le vulgaire ignore :
Ah! laissez quelque temps résonner à mon cœur
Ces sublimes pensers de gloire et de grandeur ;
Laissez-moi croire enfin, si le reste succombe,
Que je puis arracher quelque chose à la tombe,
Que, même après ma mort, mon nom toujours vivant,
Dans la postérité retentira souvent ;
Puisque ce corps terrestre est fait pour la poussière,
Et qu'il faut le quitter au bout de la carrière,
Qu'un rayon de la gloire, à tous les yeux surpris,
Comme un flambeau des temps, luise sur ses débris.

Il me semble en effet que je sens dans mon âme
La dévorante ardeur d'une céleste flamme,
Quelque chose de beau, de grand, d'audacieux,
Qui dédaigne la terre et qui remonte aux cieux :
Quelquefois, dans le vol de ma pensée altière,
Je veux abandonner la terrestre poussière ;
Je veux un horizon plus pur, moins limité,
Où l'âme, sans efforts, respire en liberté ;
Mais, dans le cercle étroit de l'humaine pensée,
L'âme sous la matière est toujours affaissée,
Et, sitôt qu'il veut prendre un essor moins borné,
L'esprit en vain s'élance, il se sent enchaîné.

Puisqu'a l'humanité notre âme est asservie,
Et qu'il nous faut payer un tribut à la vie,
Choisissons donc au moins la plus aimable erreur,
Celle qui nous promet un instant de douceur.
Oh! viens me consoler, amour, belle chimère!
Emporte mes chagrins sur ton aile légère;
Et si l'illusion peut donner le bonheur,
Remplis-en, combles-en le vide de mon cœur!
Je ne te connais pas, amour, ... du moins mon âme
N'a jamais éprouvé ton ardeur et la flamme:
Il est vrai que mon cœur, doucement agité,
En voyant une belle a souvent palpité;
Mais je n'ai point senti, d'un être vers un être,
L'irrésistible élan que tous doivent connaître;
De repos, de bonheur, mon esprit peu jaloux,
Jusqu'ici, se livrant à des rêves moins doux,
Poursuivit une idée encor plus illusoire,
Et mon cœur n'a battu que pour le mot de gloire.

Suprême déité, reine de l'univers,
Gloire, c'est ton nom seul qui m'inspira des vers,
Qui ralluma mon cœur d'une plus vive flamme,
Et dans un air plus pur fit respirer mon âme;
J'aimai, je désirai tes célestes attraits,
Tes lauriers immortels, et jusqu'à tes cyprès.

On parle des chagrins qu'à tes amans tu donnes,
Et des poisons mêlés aux fleurs de tes couronnes ;
Mais qui peut trop payer tes transports, tes honneurs ?
Un seul de tes regards peut sécher bien des pleurs.

Qu'importe que l'orgueil des nullités humaines
Voue à de froids dédains nos travaux et nos peines,
Qu'importent leurs clameurs, si la postérité
Nous imprime le sceau de l'immortalité,
Si son arrêt plus sûr nous illustre et nous venge :
Tandis que le Zoïle, au milieu de sa fange,
Traînant dans l'infamie un nom deshonoré,
Jette en vain les poisons dont il est dévoré.

Si la vie est si courte et nous paraît un songe,
La gloire est éternelle et n'est pas un mensonge ;
Car sans doute il est beau d'arracher à l'oubli
Un nom qui, sans honneur, serait enseveli,
De pouvoir dire au temps : « Je brave ton empire,
» Respecte dans ton cours mes lauriers et ma lyre,
» Je suis de tes fureurs l'impassible témoin,
» Toute ma gloire est là : tu n'iras pas plus loin. »

ODE

A L'ÉTOILE DE LA LÉGION D'HONNEUR.

IMITÉE DE L. BYRON.

I.

Toi qui répandis tant de gloire
Sur les vivans et sur les morts,
Phare éclatant de la victoire,
Qui long-temps brûlas sur nos bords,
Aux feux de ta vive lumière,
L'homme se rendait immortel !
Pourquoi retomber sur la terre
Quand ton séjour était le ciel?

II.

Des héros morts les nobles âmes
Formaient ta céleste clarté ;
Au sein de tes rayons de flammes
Étincelait l'éternité :
Fatal à l'orgueil des royaumes,
Ton météore audacieux,
Aux regards effrayés des hommes,
Parut comme un volcan des cieux !

III.

Le sang que tu faisais répandre
Aux jours terribles des combats,
Roulait sur la funèbre cendre
Des cités que tu dévoras :
Partout où surgit ta lumière,
Le sol en ses flancs palpita,
Le soleil quitta l'hémisphere,
Et long-tems la foudre éclata.

IV.

MESSAGER de ta course ardente,
Un arc-en-ciel te précédait;
Toujours son écharpe éclatante
De trois couleurs se composait :
Elles n'ont point été ternies
Par l'Envie au souffle empesté;
Car elles brillaient réunies,
Sous la main de la Liberté.

V.

LA première était empruntée
A l'éclat des célestes feux;
Une autre à la lune argentée;
La troisième à l'azur des cieux :
Nobles couleurs!... céleste emblême!...
Qui souvent aux yeux des mortels
Paraît, comme un songe qu'on aime,
Et qui vient des lieux éternels !

VI.

Astre pur! étoile des braves!
Tu tombas au jour des revers;
Et bientôt des peuples esclaves,
La chaîne enceindra l'univers;
Car, depuis ta chute profonde,
Notre vie est un poids impur,
Et le destin promis au monde,
Pâlit dans un lointain obscur.

VII.

La liberté, loin des esclaves,
S'assied sur de nobles tombeaux;
Le trépas est grand pour les braves
Qui succombent sous ses drapeaux.
Liberté! dans nos jours moins sombres,
Puissions-nous voir briller la loi....
Ou rejoindre les nobles ombres
Des guerriers qui sont morts pour toi!

ÉLÉGIE.

———◦◦◦———

Par mon amour et ma constance,
J'avais cru fléchir ta rigueur,
Et le souffle de l'espérance
Avait pénétré dans mon cœur;
Mais le temps, qu'en vain je prolonge,
M'a découvert la vérité...
L'espérance a fui comme un songe,
Et mon amour seul m'est resté!

Il est resté, comme un abîme
Entre ma vie et le bonheur,
Comme un mal dont je suis victime,
Comme un poids jeté sur mon cœur :
Pour fuir le piége où je succombe,
Mes efforts seraient superflus;
Car l'homme a le pied dans la tombe,
Quand l'espoir ne le soutient plus.

J'aimais à réveiller la lyre,
Et souvent, plein de doux transports,
J'osais, ému par le délire,
En tirer de tendres accords.
Que de fois, en versant des larmes,
J'ai chanté tes divins attraits!
Mes accens étaient pleins de charmes,
Car c'est moi qui les inspirais.

Ce temps n'est plus, et le délire
Ne vient plus animer ma voix;
Je ne trouve point à ma lyre
Les sons qu'elle avait autrefois :

Dans le chagrin qui me dévore,
Je vois mes beaux jours s'envoler ;
Si mon œil étincelle encore,
C'est qu'une larme en va couler.

Brisons la coupe de la vie,
Sa liqueur n'est que du poison ;
Elle plaisait à ma folie,
Mais elle enivrait ma raison.
Trop long-temps épris d'un vain songe,
Gloire ! amour ! vous eûtes mon cœur :
O gloire ! tu n'es qu'un mensonge ;
Amour ! tu n'es point le bonheur !

PRIÈRE DE SOCRATE.

Ô TOI, dont le pouvoir remplit l'immensité,
Suprême ordonnateur de ces célestes sphères,
Dont j'ai voulu jadis, en ma témérité,
Calculer les rapports et sonder les mystères;
Esprit consolateur, reçois du haut du ciel
      L'unique et pur hommage
D'un des admirateurs de ton sublime ouvrage,
Qui brûle de rentrer en ton sein paternel !

Un peuple entier, guidé par un infâme prêtre,
Accuse d'être athée, et rebelle à la foi,

Le philosophe ardent, qui seul connaît ta loi,
  Et bientôt cesserait de l'être,
  S'il doutait un moment de toi.

Eh! comment, voyant l'ordre où marche toute chose,
Pourrais-je, en admirant ces prodiges divers,
Cet éternel flambeau, ces mondes et ces mers,
En admettre l'effet, en rejeter la cause.

Oui, grand Dieu, je te dois le bien que j'ai goûté,
  Et le bien que j'espère;
A m'appeler ton fils j'ai trop de volupté
  Pour renier mon père.

Mais qu'es-tu cependant, être mystérieux?
Qui jamais osera pénétrer ton essence,
Déchirer le rideau qui te cache à nos yeux,
Et montrer au grand jour ta gloire et ta puissance?

Sans cesse dans le vague, on erre en te cherchant.
Combien l'homme crédule a rabaissé ton être!
Trop bas pour te juger, il écoute le prêtre,
Qui te fait, comme lui, vil, aveugle et méchant.

Les imposteurs sacrés, qui vivent de ton culte,

Te prodiguent sans cesse et l'outrage et l'insulte;

Ils font de ton empire un éternel enfer,

Te peignent, gouvernant de tes mains souveraines

Un stupide ramas de machines humaines,

      Avec une verge de fer.

A te voir de plus près en vain il veut prétendre,

Le sage déraisonne en croyant te comprendre,

      Et, d'après lui seul te créant,

En vain sur une base, il t'élève, il te hausse : —

Mais son être parfait n'est qu'un homme étonnant,

      Et son Jupiter un colosse.

Brulant de te connaître, ô divin créateur !

J'analysai souvent les cultes de la terre,

Et je ne vis partout que mensonge et chimère :

Alors, abandonnant et le monde et l'erreur,

Et cherchant pour te voir une source plus pure,

J'ai demandé ton nom à toute la nature,

Et j'ai trouvé ton culte en consultant mon cœur.

Ah ! ta bonté sans doute approuva mon hommage,

Puisqu'en toi j'ai goûté le plaisir le plus pur,
Qu'en toi, pour expirer, je puise du courage
     Dans l'espoir d'un bonheur futur!
Réveillé de la vie, en toi je vais renaître,
A tous mes ennemis je pardonne leurs torts,
Et puisque je me crois digne de te connaître,
Je descends dans ton sein, sans trouble et sans remords.

LE CUISINIER

D'UN GRAND HOMME,

Satire Dramatique,

SUIVIE D'UNE ÉPITRE A M. DE VILLÈLE.

> Qui compte sans son hôte
> compte deux fois.

AVRIL 1826.

PERSONNAGES.

M. Dentscourt aîné, Cuisinier.

Son Frère cadet.

Un gros Monsieur.

Le Sous-chef de cuisine.

Troupe de Cuisiniers et de Fournisseurs.

Le théâtre représente une grande cuisine ; au-dessus de la porte est inscrit Bureaux culinaires, 1ʳᵉ division. La scène est remplie de cuisiniers, marmitons, etc. M. Dentscourt est assis, le noble bonnet de coton en tête ; deux fourneaux brûlent auprès de lui en guise de cassolettes. Les fournisseurs, chargés de vivres, défilent devant lui. — Magnifique exposition dans le genre de celle du premier acte de *Léonidas.*

LE CUISINIER

D'UN GRAND HOMME.

Satire Dramatique.

SCÈNE PREMIÈRE.

M. DENTSCOURT, SON FRÈRE CADET, LE SOUS-
CHEF, CUISINIERS, FOURNISSEURS,
MARMITONS, ETC.

LE SOUS-CHEF.

Puisque l'astre éclatant qui nous donne le jour
D'un repas solennel annonce le retour,
Chef, nous venons en toi présenter notre hommage
Au ministre puissant dont ta gloire est l'image.

M. DENTSCOURT.

Cuisiniers, fournisseurs, je suis content de vous :
Nos affaires vont bien, en dépit des jaloux ;
Et d'excellens dîners, remèdes efficaces,
De nos derniers échecs ont effacé les traces ;

Quelques mauvais esprits ont en vain prétendu
Que nous dévorons tout, que l'État est perdu,
Que notre pot au feu cuit aux dépens des autres,
Et bientôt cuira seul; qu'hormis nous et les nôtres,
Tous les Français rentiers, perdant leurs capitaux,
Iront, vides de sang, garnir les hôpitaux :
Quelle horreur!.. Cependant, qu'ont les Français à craindre?
De mauvais procédés ils n'ont point à se plaindre :
De tous leurs envoyés nous nous sommes chargés ;
Ne sont-ils pas nourris, et quelquefois logés?
Et n'avons-nous pas même, en mainte circonstance,
Offert de les *blanchir*, s'ils ne l'étaient d'avance?
Qui, comme nous encor, avec un tel succès,
A su faire fleurir le commerce français?
Ces vins que la province en nos celliers envoie,
Ces produits de Strasbourg, de Bayonne et de Troie,
De toute autre cuisine orgueilleux ornemens,
Ne sont de nos valets que les vils alimens.
Des mets plus délicats à nos palais conviennent;
Du Périgord jaloux les fruits nous appartiennent.
Ces fruits, que le gourmet sait priser aujourd'hui,
L'étranger voudrait bien les emporter chez lui :
Mais il ne l'aura point, cette plante chérie,
Ce précieux produit du sol de la patrie!
Français! gardons nos droits, frustrons-en nos voisins;
C'est assez qu'on leur donne et nos blés et nos vins:

Non, ces mets délicats, que nous offre la terre,
N'iront point engraisser les porcs de l'Angleterre :
Les nôtres désormais en auront le régal ;
Montrons que nous avons l'esprit national !

Ces bienfaits éclatans, qu'à peine on apprécie,
Contre notre puissance ont éveillé l'envie ;
De nos bruyans amis l'héroïque valeur,
Devant tant d'ennemis, sent glacer son ardeur :
Monseigneur au lever m'a fait, avec prudence,
Dans son appartement admettre en sa présence ;
Et maîtrisant à peine un trop juste courroux :
« Il est temps, m'a-t-il dit, de frapper les grands coups
» De plus puissans efforts sont enfin nécessaires ;
» Assemble, ce matin, mes bureaux culinaires :
» Je veux, désappointant mes nombreux ennemis,
» D'un splendide repas réveiller mes amis.
» Tu sais, ainsi que moi, que ces messieurs du centre
» Sont des gens de tout cœur, mais ont le cœur au ventre
» Trop long-temps, par un mets à grands frais acheté,
» Nous avons cru flatter leur sensualité :
» Leurs palais sont usés ; leur goût blasé sommeille,
» Il nous faut inventer un mets qui le réveille.
» Il m'est venu, Dentscourt, un singulier projet :
» Je ne redoute point d'en gonfler mon budget ;
» Je m'appauvrirais peu par de telles vétilles :
» Le mets qu'il faut offrir, c'est....—Eh quoi ?—Des lentilles !

—«Des lentilles! grand Dieu! repris-je, tout surpris.

» —Oui, Dentscourt; tous diront que le mets est exquis;

» Mais les montrer à nu serait une imprudence :

» Il faut adroitement en sauver l'apparence.

—«Je comprends, monseigneur, ai-je alors répondu:

» Je vais me signaler, et tout n'est pas perdu;

» On verra si mon art brave les destinées,

» Ou si, dans les fourneaux, j'ai perdu trente années! »

Cuisiniers, fournisseurs, l'honneur en est à nous :

Votre zèle m'annonce un triomphe bien doux.

Trop long-temps dans nos murs a régné l'anarchie,

Ces temps-là reviendraient; sauvons la monarchie !

Et que notre bourgeois, grandi par nos succès,

Soit le restaurateur du royaume français.

De nos amis, qu'arrête une indigne épouvante,

Gorgeons la conscience affamée et béante;

Et comme au triple chien qui garde les damnés,

Jetons-lui les gâteaux au sommeil destinés.

(Ils sortent.)

SCÈNE II.

M. DENTSCOURT, SON FRÈRE CADET.

LE CADET.

Mon frère, embrassez-moi; pour mon cœur quelle fête

De vous revoir ici, quand si long temps...

DENTSCOURT.

Arrête !

Chapeau bas, mon cadet, devant ton frère aîné !
Tu vois de quels honneurs je marche environné.

LE CADET.

Il est vrai : quel éclat ! quelle magnificence !
Jusqu'où d'un cuisinier peut aller la puissance !
Mon frère, est-ce bien vous que je vis autrefois,
Maigre subordonné d'un cuisinier bourgeois,
Récurer les chaudrons et laver les assiettes ?....
Les temps sont bien changés !

M. DENTSCOURT.

Ignorant que vous êtes !

Dans l'état où jadis le sort m'avait jeté,
Un cuistre comme vous serait toujours resté :
Moi, j'en ai su bientôt laver l'ignominie,
Il n'est point d'état vil pour l'homme de génie ;
Afin de s'élever, il faut ramper, dit-on :
On devient cuisinier, mais on naît marmiton.
Long-temps je végétai dans cette classe obscure,
Où, comme en un creuset, me jeta la nature ;
Mais un feu, plus ardent que celui des fourneaux,

Vint épurer en moi des sentimens nouveaux :
Nous étions dans un temps où de nobles cuisines
Effrayèrent les yeux de leurs vastes ruines.
Voyant de possesseurs tant de tables changer,
Le peuple qui jeûnait crut avoir à manger :
Mais les nouvelles dents n'étaient pas moins actives :
Ces grandes tables-là sont pour peu de convives ;
Ce sont de gros gaillards, ayant bon appétit,
L'un tient la poêle à frire, et puis le peuple cuit.
Alors on nous disait que les hommes sont frères,
Que les distinctions ne sont qu'imaginaires,
Et que, si le destin l'environne d'éclat,
L'homme le doit à soi, mais non à son état.
Et je me dis : « Il faut que je sois quelque chose ;
» Et de peur qu'à ma gloire un obstacle s'oppose,
» Je transporte en un lieu plus propre à mon emploi,
» Les dieux de mon foyer, mon art sublime et moi.
» Je pars de la Gascogne, et.... » Mais ma vie entière
Serait à te compter une trop longue affaire :
Qu'il me suffise donc de te dire qu'enfin,
Quelquefois malheureux, mais bravant le destin,
Et sans être jamais du parti qu'on opprime,
Je changeai de ragoûts ainsi que de régime.
Mais après la journée où certain grand brouillon,
Pour l'avoir trop chauffé, but un mauvais bouillon,
Un noble personnage où j'étais fort à l'aise,

Se sentant prêt à cuire, et les pieds sur la braise,

Sans rien dire à ses gens, s'enfuit à l'étranger,

Me laissant lourd de graisse, et d'argent fort léger.

Alors, je m'accostai d'un homme à maigre trogne,

Tout récemment encor arrivé de Gascogne,

Audacieux, fluet, médiocre et rampant,

Toujours grand ennemi du premier occupant,

Très-vide de vertu, mais gonflé d'espérance,

Qui sur sa route avait laissé sa conscience,

Comme un poids incommode à qui fait son chemin.

Le poids n'était pas lourd, il est vrai; mais enfin,

A ravoir son paquet comme il pouvait prétendre,

Bientôt, grâce à mes soins, il en eut à revendre.

Je ne te dirai pas nos immenses succès,

Si de notre destin nous sommes satisfaits,

Si nous savons flatter les appétits des hommes:

Lève les yeux, cadet, et vois ce que nous sommes !

Jusqu'au faîte élevé, par mes nobles travaux,

Monseigneur a dompté ses plus fameux rivaux.

L'un d'eux, plus rodomont, voulait faire le crâne;

Mais nous avons prouvé que ce n'était qu'un âne :

Et, comme il refusait d'aller à sa façon,

Monseigneur l'a chassé comme un petit garçon.

Puis, étouffant enfin d'audacieux murmures,

Nous avons en tous lieux semé nos créatures :

Comme nos spectateurs ne battaient pas des mains,

Nous avons au parterre envoyé des *Romains*.
En vain quelques railleurs attaquaient notre empire,
Nous les avons, sous main, muselés sans rien dire.
Rien ne peut maintenant borner notre crédit ;
Sur le ventre fondé, nourri par l'appétit,
L'appétit, roi du monde, et *d'autant plus terrible*
Qu'il cache au fond des cœurs sa puissance invisible.

LE CADET.

Je conviens qu'un tel sort peut avoir des appas ;
Mais un abîme s'ouvre, et bâille sous vos pas :
La France trop long-temps a tremblé sous un homme;
Son pouvoir abattu....

M. DENTSCOURT.

Mais il faudra voir comme.

LE CADET.

Eh bien, nous le verrons; il n'est pas très-aimé ;
Le peuple, contre lui dès long-temps animé,
Portant au pied du trône une plainte importune...

M. DENTSCOURT.

Et comptes-tu pour rien César et sa fortune ?
Me comptes-tu pour rien moi-même ? et nos amis,
A nos moindres désirs ne sont-ils pas soumis ?

LE CADET.

Ne vous y fiez pas, si le sort vous traverse.
Amis du pot-au-feu, tous fuiront, s'il renverse.
Tremblez qu'un grand échec n'abaisse votre ton,
Car...plusd'un grandministre est mortà Montfaucon,

M. DENTSCOURT.

Il faut faire une fin ; et pour nous quelle gloire,
Quand la postérité lira dans notre histoire :
« Ces deux héros sont morts ; la France les pleura ;
» L'un fut grand diplomate, et l'autre... »

LE CADET.

Et cætera.

L'histoire sur son compte en aurait trop à dire :
Pensons-le seulement, gardons-nous de l'écrire.

M. DENTSCOURT.

Qu'entendez-vous par là ? Pas tant de libertés,
Cadet : on n'aime point toutes les vérités ;
Vous avouerez pourtant que sa digne excellence
Sait fort bien travailler un royaume en finance :
On se plaint qu'en ses mains, sans s'en apercevoir,
Le monarque trompé laisse trop de pouvoir :
Mais on sait que jadis sur un autre rivage,

De l'art d'administrer il fit l'apprentissage ;
Ainsi...

LE CADET.

Je sais fort bien que ton maître autrefois
Fit la traite des Noirs, ou leur donna des lois :
Belle preuve !

M. DENTSCOURT.

Oh ! très-belle : il est homme de tête ;
Pourtant en ce moment ce sont les blancs qu'il traite :
Et l'on peut demander à tous nos invités
Si je ne suis qu'un cuistre, et s'ils sont bien traités.

LE CADET.

Mais le peuple l'est mal ; et bientôt sa misère
Demandera du pain aux gens du ministère ;
Ou dans son désespoir, pour recouvrer son bien,
Il fera voir les dents...

M. DENTSCOURT.

Nous ne redoutons rien.
Par nos soins rétabli, Montrouge nous protège ;
Montrouge protégé par le sacré collége ;
Montrouge triomphant, et qui, malgré vos cris,
Envahit pied à pied le pavé de Paris ;
Ce grand ordre, qu'à peine on a senti renaître,

Dans nos murs étonnés s'élève et rentre en maître ;

Et bientôt ses enfans, armés de nouveaux fers,

Vont dévorer Paris, la France et l'univers !

Ignobile vulgus, tremblez !

LE CADET.

Tremblez vous-même !

On a long-temps souffert votre insolence extrême ;

Mais on vous montrera de la bonne façon,

Qu'une majorité n'a pas toujours raison ;

Et le peuple à vos gens fera bientôt connaître

Que celui qui les paie à droit d'être leur maître.

M. DENTSCOURT.

Ceci ne peut se faire au temps où nous voilà ;

Si vous voulez crier, les gendarmes sont là !

Des mouchards décorés, ou portant des soutanes,

Empoignent, dans leur vol, les paroles profanes.

Nous irons droit au but que nous nous proposons :

D'ailleurs, nous vous donnons les meilleures raisons ;

Dans notre coffre-fort, si nous serrons vos pièces,

C'est pour vous enseigner le mépris des richesses ;

Car le bon temps revient, les bons pères aussi,

Garc à vos esprits forts ! ils sentent le roussi.

A tout cela d'ailleurs l'esprit public se prête :

La canaille, il est vrai, comme dit la Gazette,

Fait quelquefois du bruit, et veut montrer les dents :

Mais, nous avons pour nous tous les honnêtes gens.

Une dame a marché pieds nus ; une seconde

A voulu l'imiter... Hein? voilà du grand monde !

Nous avons vu passer un illustre baron,

De la nef d'une église en celle de Caron ;

Et, dans chaque soirée, il est de bienséance

D'entendre, avant le bal, sermon et conférence.

Écrivez maintenant, messieurs les beaux-esprits :

Il est certain endroit, dans un coin de Paris,

Où, par arrêt de cour, quand ils ont beau ramage,

Nous savons faire entrer les oiseaux dans la cage.

LE CADET.

Ne vous en vantez point : la cour n'est pas pour vous ;

L'équité la conduit, et non votre courroux ;

Déjà, plus d'une fois, sa justice prudente

A détruit les projets que l'artifice enfante ;

Le Tartufe puissant compta sur son appui,

Mais les efforts du vice ont tourné contre lui :

Et nous avons vu tous que, bravant vos caprices,

La cour rend des arrêts, mais non pas des services

M. DENTSCOURT.

Je n'ai rien à répondre à cette raison-là,

Mais nous....

SCÈNE III.

M. DENTSCOURT, SON FRÈRE, LE SOUS-CHEF.

LE SOUS-CHEF.

Monsieur le chef, nos invités sont là !

M. DENTSCOURT.

Déjà? La cinquième heure à peine au château sonne:
A cette heure jamais nous n'attendons personne.

LE SOUS-CHEF.

C'est vrai, monsieur le chef; mais nos nobles amis
Attendaient ce repas, depuis long-temps promis;
Et même tel d'entr'eux que l'appétit réveille,
Pour y mieux faire honneur, n'avait rien pris la veille:
Vous jugez qu'un discours sur l'impôt des cotons
N'avait nul intérêt pour des gens si *profonds*;
Non plus qu'un autre encor sur les toiles écrues.
Ensuite un monnayeur a parlé de sangsues;
— Lesquelles? a-t-on dit. — Là-dessus, grands éclats !
Tous ont dit: *La clôture! à demain les débats !*
Ces débats cependant promettaient des merveilles ;
Mais un ventre affamé, dit-on, n'a point d'oreilles;
Tous ont fui jusqu'ici.

M. DENTSCOURT.

Eh bien, tout est prévu;
On ne nous prendra pas, du moins, au dépourvu...
Les lentilles ?...

LE SOUS-CHEF.

C'est prêt : on a mis en purée
Celles que ce matin vous aviez préparées.

M. DENTSCOURT.

On n'attend plus personne? Ils sont tous arrivés?
Le potage est sur table?

LE SOUS-CHEF.

Oui, tout est prêt.

M. DENTSCOURT, *à la cantonnade.*

Servez!

(*Le sous-chef sort.*)

SCÈNE IV.

M. DENTSCOURT, SON FRÈRE.

M. DENTSCOURT.

Mon triomphe s'apprête; et ma gloire s'achève :
On verra si nos plans ne sont point un vain rêve.
Le projet cependant était audacieux;

Le sort en a trahi de moins ambitieux ;
La roche Tarpéienne...

LE CADET.

Est près du Capitole.

M. DENTSCOURT.

Mais, si l'on tombe aussi... c'est du ciel !

LE CADET.

Ça console.

M. DENTSCOURT.

Ah bah! ne craignons rien, nous sommes dans le port!
(*Il rêve un moment.*)
Écoute, mon cadet; je veux te faire un sort;
Car, quoique parvenu, je suis encor bon frère ;
Je te reçois ici... comme surnuméraire.

LE CADET.

Où cela conduit-il?

M. DENTSCOURT.

A de bons résultats :
C'est comme qui dirait *cadet* dans les soldats.

LE CADET.

Il n'en existe plus.

M. DENTSCOURT.

Nous en verrons encore.

Les aînés n'étaient plus : Monseigneur les restaure.

Ah! messieurs les cadets, tremblez, vous n'aurez rien!

Mais plutôt, soyez gais, car c'est pour votre bien :

Le monde a, voyez-vous, un attrait bien perfide ;

Mais la religion vous prend sous son égide.

Vous avez faim? L'église engraisse ses enfans.

Vous n'avez point d'asile? Allez dans les couvens ;

C'est là que vous pourrez mener vie agréable,

Prier le ciel pour nous qui nous donnons au diable...

LE CADET.

Comment, mon frere aîné? voici bien du nouveau !

M. DENTSCOURT.

Oui, pourquoi t'étonner d'un projet aussi beau ?

Il prendra : tu verras si ma nouvelle est fausse ;

Monseigneur l'a fait cuire, et j'en ai fait la sauce ;

Le dîner, qu'aux ventrus nous offrons aujourd'hui,

A notre noble cause assure leur appui :

Oh! nous avons compris les besoins de l'époque?

LE CADET.

On rira, c'est absurde.

M. DENTSCOURT.

Ah! parbleu! qu'on s'en moque....
Que nous importe, à nous? Les rieurs pleureront :
Comme a dit Mazarin : *Ils chantent, ils pairont!*

SCÈNE V.

M. DENTSCOURT, SON FRÈRE, LE SOUS-CHEF.

M. DENTSCOURT.

Ciel! qu'as-tu donc, sous-chef? quel trouble!

LE SOUS-CHEF.
       O destinée!....
O trop malencontreuse et fatale journée!

M. DENTSCOURT.

Assieds-toi, conte-nous...

LE SOUS-CHEF, *d'un ton tragique.*

    Infandum!...sed... quanquam...
Meminisse horret ...... luctu... — Incipiam!
La soupe n'était plus... et les bouches bourrées
Avaient, sans dire un mot, envahi les entrées;
Tout-à-coup, Monseigneur se lève avec éclat,
Et, d'un bras intrépide... Il découvre le plat;
On sert.—Qu'est-ce?—On l'ignore, et chacun d'un air louche,

Porte, en la flairant bien, la cuiller à la bouche.

Des lentilles!—Grand Dieu!—Tout ce monde à ce mot

Frémit. « Nous offre t-on la *fortune du pot?*

» Se sont-ils écriés. Quelle horrible imposture !

» Nous ont-ils invités pour nous faire une injure? »—

Monseigneur est confus; ses illustres amis

Regardent l'assemblée avec des yeux surpris;

L'un oppose à ce bruit, que chaque instant redouble,

Un air *indifférent* qu'a démenti son trouble;

Un *marin*, l'œil fixé sur les deux précédens,

Reste, la bouche ouverte, et la cuiller aux dents;

Pendant qu'un autre encor, sentant la conséquence,

S'appuyait sur son *Turc*, et fumait d'importance;

Enfin, c'est un tumulte!... on se lève en jurant...

Presque tous sont partis... Monsieur l'*Indifférent*

Fait pour les retenir un effort inutile;

Et lui-même, en pleurant, suit la foule indocile.

L'après-dînée en vain promettait à la fois

Lecture édifiante et le prince iroquois;

Tout s'enfuit... Resté seul, Monseigneur est perplexe,

Et veut...

SCÈNE VI,

LES Précédens, UN GROS MONSIEUR.

LE MONSIEUR.

Eh! cuisiniers, suis-je un homme qu'on vexe?

Croit-on qu'un orateur, qu'on place entre deux feux,

Quand il a bien parlé, n'ait pas le ventre creux?

Lorsque j'ai mal dîné, ma voix en est aigrie ;

Comme mon estomac, ma conscience crie :

Qui pourra l'apaiser?... Est-ce pour de tels mets,

Que j'ai de tout Paris bravé les quolibets;

Que, séduit par l'espoir d'un repas aussi mince,

J'ai trompé tous les vœux que formait ma province !

Et sur tant de sujets pour calmer mon effroi,

Corbleu! monsieur le chef, des lentilles à moi!

On ne m'aurait pas fait une pareille injure

Dans les obscurs dîners d'une sous-préfecture.

Quand, nourrissant l'espoir d'un dîner bien complet,

J'avais, avant d'entrer, desserré mon gilet,

A de pareils affronts aurais-je dû m'attendre?

(*A M. Dentscourt, qui veut sortir.*)

Restez, monsieur le chef, restez! Il faut m'entendre !

Quoique mauvais chrétien, par l'odeur excité,

J'avais dit hautement mon bénédicité! —

Et ces dîners encor, qu'aidé de ses complices,

Monseigneur, l'autre jour, rogna de deux services!...

N'est-ce pas conspirer contre notre estomac?

Nous avons trop long-temps supporté ce micmac :

De sorte que, pour prix d'un généreux courage,

Nous nous voyons réduits à *trois,* pour tout potage.

14

Les choses désormais n'en iront point ainsi :

Et, pour n'y plus rentrer, je m'arrache d'ici.

Il est encor des gens non séduits par le ventre,

Peu nombreux, il est vrai, mais placés loin du centre...

Je m'en vais, dans un coin, prendre place avec eux,

On y dîne un peu moins, mais on y parle mieux !

(Il sort.)

SCÈNE VII ET DERNIÈRE.

M. DENTSCOURT, SON FRÈRE, LE SOUS-CHEF.

LE CADET.

Eh bien ! tout est flambé ; qu'en dites-vous, mon frère ?

M. DENTSCOURT.

Quel déchet !

LE SOUS-CHEF.

Monseigneur est en grande colère ;

De son mauvais succès c'est à vous qu'il se prend.

M. DENTSCOURT.

Et voilà ce que c'est que de *servir* un grand !

Qu'une vaste entreprise échoue ou réussisse,

Nous en avons les coups, ou lui le bénéfice.

LE SOUS-CHEF.

Redoutez les effets de son premier courroux,
Il sera moins terrible en pesant sur nous tous.

M. DENTSCOURT.

Oui, vous le dompterez toujours par la famine.

LE SOUS-CHEF.

Très-bien ! mais s'il allait supprimer la cuisine ?

M. DENTSCOURT.

Non, non.

LE SOUS-CHEF.

Je l'aperçois... où fuir ? où vous cacher ?

M. DENTSCOURT, *d'un ton tragique.*

Dans les bureaux... Crois-tu qu'il m'y vienne chercher ?

NOTES.

PAGE 95, V. 8.

L'un fut grand diplomate, et l'autre.........

On dira qu'il est un peu hasardé d'appeler un cuisinier diplomate ; mais qu'on écoute ce sixain, et on changera d'avis.

> Ce cuisinier est tout. En maître de la terre,
> Il tient dans ses poëlons et la paix et la guerre,
> Fricasse des faveurs, assaisonne un emploi,
> Aux postes importans ses ragoûts font élire,
> Et c'est lui qui peut vraiment dire :
> Place, messieurs ; l'État, c'est moi !

PAGE 98, V. 9.

...... Il est de bienséance
D'entendre, avant le bal, sermon et conférence.

Dans les grandes maisons, au lieu de mettre sur une invitation cette phrase banale : *Il y aura violon*, le bon ton est d'écrire : *Il y aura conférence;* ou bien ! *Il y aura sermon.* Avant le bal, le prédicateur leste et pimpant prêche en minaudant un sermon sur les vanités du monde, ou tout autre sujet analogue à la circonstance. Les auditeurs gardent en entrant leurs manteaux ou leurs schals qui cachent des habits de bal. Le sermon fini, le théâtre change, et les pompes de Satan succèdent à la parole de Dieu.

ÉPITRE

A M. DE VILLÈLE.

Ministre financier, que la France révère,
Que les heureux aînés ont appelé leur père,
Et qui, sachant que l'or pourrait nous pervertir,
Cherche de tous côtés des gens à convertir;
Permets qu'émerveillé de tes talens sublimes,
Un enfant d'Apollon t'adresse quelques rimes.
Des Muses, il est vrai, tu ne fais pas grand cas,
Et la double colline a pour toi peu d'appas;
On sait que tu n'as point, expert en beau langage,
Rimé l'*Indifférence* ou le *Bois du Village*;

---

* Cette épître fut insérée dans le *Mercure* du 12 août 1826; elle annonçait un poëme intitulé la *Villéléide*, qui ne parut pas, pour des raisons qu'il est aisé de deviner.

Mais apprends que les vers peuvent avoir leur prix,
C'est par-là qu'on est grand dans de petits écrits,
Qu'on vit dans l'avenir, et qu'un sage ministre
N'est pas, après sa mort, oublié comme un cuistre.

L'homme s'illustre en vain, si la postérité
Ne lit en de beaux vers son immortalité;
Sans Homère, a-t-on dit, qui connaîtrait Achille?
Baour, depuis long-temps, a bien changé de style,
Mais qui saurait sans lui, dans des siècles nouveaux,
Que Bonaparte fut, et qu'il fut un héros?

Ta splendeur, je l'avoue, est plus durable encore,
O toi dont le déclin tarde à suivre l'aurore,
Où pourras-tu trouver un Baour pour chanter
Le succès des grands coups que tu sais méditer,
Qui t'ait vu, te connaisse, et dise qu'il t'admire,
Ou sans rire soi-même, ou sans prêter à rire?

Sauf ces deux clauses-là, tu pourras à Paris
Trouver des vers flatteurs cotés à très-bas prix;
Dans ce vaste comptoir de toute renommée,
On peut, au poids de l'or, trouver de la fumée;
Au lieu d'un vil métal, que d'honneur t'est offert!
Si tu veux qu'on t'appelle un Turgot, un Colbert,
Ne te consume point en bienfaits inutiles;

Ces titres à gagner te seront très-faciles,

Pour cinq cents francs au plus on peut les accorder,

Et même pour trois cents, si tu sais marchander.

Mais l'honneur, le pouvoir, l'éclat qui t'environne

Me donnent le désir de chanter ta personne.

Ne me dédaigne pas, malgré tout ce qu'on dit,

Mes vers sauront encor te remettre en crédit.

C'est en vain qu'un poëte avait de ta cuisine

Et de ton ministère annoncé la ruine;

Ne t'en effraye point, l'avenir incertain

Ne peut plus dévoiler les arrêts du destin :

Cependant si ton ame en eut quelque tristesse,

Je veux la ramener aux jours de ta jeunesse,

Et ranimant ton cœur, qu'un présage a glacé,

Rajeunir son espoir de l'éclat du passé.

Oui, je veux raconter ton héroïque histoire,

Je veux chanter les jours si chers à ta mémoire,

Où ton aspect saisit d'un désir amoureux

Le cœur novice encor d'une vierge aux doux yeux,

Ton démon familier y sera mis en scène,

Je dirai tes succès sur les bords de la Seine,

Et comment ton grand nom, d'un beau titre anobli,

Fut proclamé vainqueur au Château-Rivoli.

Mais aussi ta faveur doit être mon salaire;

Mets-moi de ton écot; je puis au ministère,

Comme ce Martignac qu'on a déjà vanté,
Entonner l'hymne auguste à ta prospérité....
Voudrais-tu, dès l'abord, connaître ma personne? —
Je me nomme *Beuglant**: à ce nom qui t'étonne ?

Peut-être il te souvient que l'un de mes écrits
Fit rire à tes dépens les cadets de Paris;
C'était, à ce qu'on trouve, une pièce assez drôle,
Et ta noble excellence y jouait un beau rôle....
Oh! tu l'as fort bien pris; un autre aurait, dit-on,
Mis l'ouvrage à l'index, et l'auteur en prison;
Mais toi, quand un mouchard, croyant faire œuvre pie,
Du livre à peine éclos te porta la copie,
Tu ne dépêchas point un mandat à l'auteur;
Mais tu ris en ta barbe et dis: C'est un farceur **!

C'était fort bien agir, et ma reconnaissance
D'un poëme déjà t'a donné l'espérance;
En attendant le jour désigné par le sort,
Pour voir ou sa naissance, ou peut-être sa mort,
Je voudrais avec toi jaser pour me distraire;
Histoire de parler, car c'est peu nécessaire.

* *Le Cuisinier d'un grand homme* avait paru avec le pseudonyme
de *Beuglant*.

**.Historique.

Dans ce superbe hôtel, où règne ton pouvoir,
Qui t'étonne le plus?—Sans doute de t'y voir.
En effet, quand bien loin des bords de la Garonne,
Le pays de Parny vit ton humble personne,
Quand, d'un maigre colon aussi maigre employé,
Tu vivais d'un travail qui t'était mal payé,
Pouvais-tu, dans ton cœur, d'une telle puissance
Accueillir la pensée et gonfler l'espérance ?

Peut-être! — Le génie encore à son matin,
Sait souvent pressentir un sublime destin :
On dit, que loin des jeux, écolier solitaire,
Bonaparte rêvait l'empire de la terre,
Et que de ses grandeurs l'espoir audacieux,
Comme un vaste tableau, passait devant ses yeux.

Sauf la comparaison, peut-être que toi-même
Tu rêvas le pouvoir, sinon le diadême;
Las d'exercer ton bras sur des noirs révoltés,
Souvent, tournant les yeux vers nos bords regrettés,
Tu pensas aux grandeurs, et peut-être... à la gloire:
La gloire !.... Oh non, ce mot n'a rien que d'illusoire,
C'est un mot bien ronflant, mais qui sonne le creux;
L'argent est plus solide, et tinte beaucoup mieux.

C'est ce que tu compris, quand riche d'une épouse,
Des bords lointains du Cap, tu revins à Toulouse;
Un si noble génie en France replanté
Ne pouvait demeurer en son obscurité.
Elu maire, bientôt l'amour de la patrie
S'éveilla, comme un songe, en ton ame attendrie,
Et ce beau sentiment l'échauffant par degrés,
Tu rêvas le bonheur de tes administrés;
Leur bourse cependant étant fort aplatie,
Tu pelotas d'abord, en attendant partie,
Comme l'on fait toujours; et de leur bien jaloux,
Tu voulus commencer par leur tâter le pouls *.
Tu n'en eus pas le temps, car l'aveugle fortune
Te porta d'un seul coup au pied de la tribune,
Et fixant à la fois tes vœux irrésolus,
Te saisit au collet, pour ne te quitter plus.

Alors de mieux en mieux : bientôt le ministère
Ennoblit pour toujours ta race roturière;
Avant toi sur ce siége un autre était assis,
Il partit, tu pris place; — *Allons, saute marquis!*

C'est un grand pas de fait; ministre! quel beau titre!
Du bonheur des Français te voilà donc l'arbitre;

* Quand j'aurai tâté le pouls à mon île, je te manderai s'il faut
que tu viennes m'y joindre.
(*Lettre de Sancho à sa femme.*

Tu peux, jetant partout de bienfaisans regards,
Secourir le malheur, et protéger les arts;
De la bonté royale, auguste et digne organe,
Le bien du malheureux de ton pouvoir émane,
Et le peuple en ses maux t'invoquant nuit et jour,
Entre le prince et toi partage son amour.
Cependant quelques sots viennent se plaindre encore,
Ils osent avancer que ta dent nous dévore,
Qu'un système nouveau, fatal à nos rentiers,
Alimenta la Seine et garnit les greniers.
Va, va, laisse crier les badauds au scandale;
Tu peux dîner en paix, c'est John Bull qui régale;
John Bull est un peu sot, il fait beaucoup de bruit,
Prend des airs mécontens, qu'aucun effet ne suit.
Parfois assez rétif, il se laisse, à vrai dire,
Par le premier faquin trop durement conduire.
Jadis il a montré qu'il était maître aussi,
Mais les temps sont changés; vieux, il s'est adouci;
Oui, je l'ai dit souvent, tout s'efface avec l'âge,
Tout jusqu'à la vertu, l'amour et le courage,
Tout change et tout renaît; c'est un bienfait des cieux;
Jeune, l'homme triomphe, il dort quand il est vieux.

Mais, grand homme, à quoi tend ce discours inutile?
Qu'importe que ton nom soit blâmé par la ville,

Qu'importe au denier trois que tes effets soient bas,

Et que John Bull se plaigne ou ne se plaigne pas:

Les *empoigneurs* sont là, si John Bull n'est pas sage,

S'il siffle un peu trop fort, on referme sa cage;

A présent, l'on craint peu qu'ennemi du repos,

Il aille renverser tes tranquilles bureaux,

Et brisant à la fois des pouvoirs arbitraires,

Crier: *Chassez les huit!* dans tous les ministères:

Le bon temps d'autrefois est là qui le poursuit,

Et son Croquemitaine est arrivé sans bruit;

Le bon père Escobar, revenu de sa fuite,

Ami des rois français, va régler leur conduite:

Il est vrai que parfois, passant un peu le but,

Sa tendresse pour eux a hâté leur salut;

Mais il revient enfin: sa main qui te protége

Contre les accidens raffermira ton siége,

Avec lui sans danger tu régneras bientôt,

Il ne faut pour cela que baiser son ergot.

UNE RÉPÉTITION.

Draconnet, Truffaldin.

·000·

DRACONNET.

(Il lit un discours manuscrit.)

Ne sont point dans ce cas... Mais, qu'entends-je? on murmure

TRUFFALDIN.

Non, c'est moi qui disais: *Tant mieux! c'est la censure!*

DRACONNET.

Et pourquoi parlez-vous?

TRUFFALDIN.

Ce n'est donc pas bien dit.

DRACONNET.

Regardez, s'il vous plaît, mon discours manuscrit :
Ces mots s'y trouvent-ils ?

TRUFFALDIN.

Pardonnez à mon zèle ;
Je pensais...

DRACONNET.

Vous pensiez... Indocile cervelle !
Avez-vous oublié que, dans les bons endroits,
Pour servir de guide-âne, on vous a fait des croix ?..
Ne pourra-t-on jamais brider votre sottise ?
Je veux bien vous permettre, alors que j'improvise,
Les exclamations, et même quelques mots,
Pourvu qu'ils soient bien dits, et placés à propos :
Mais un discours écrit n'admet pas cette excuse,
Votre naïveté trop souvent vous accuse,
Et cela sert de texte à de mauvais plaisans
Pour nous incriminer, ou rire à nos dépens. —
Retenez bien ceci, cette fois je le passe,
Mais un pareil méfait n'obtiendrait plus de grâce ;

Maintenant, poursuivons:—*Ne sont point dans ce cas*
Catéchismes, sermons, adresses, almanachs,
Billets de faire part... pourvu qu'il ne s'y trouve
Aucune allusion que notre goût réprouve. —
En faisant aux auteurs cette concession,
Nous montrons bien, messieurs, que notre intention
N'est pas de nuire en rien aux travaux de la presse :
Pourquoi donc ose-t-on nous répéter sans cesse
Que notre beau projet, au commerce fatal,
Va mener par la main la France à l'hôpital?...
L'état dépend-il donc du sort d'un mauvais livre,
Et, sans quelques pamphlets, l'homme ne peut-il vivre?..
Au contraire, messieurs, la science l'aigrit,
On est toujours méchant quant on a trop d'esprit;
Et nous avons vu tous que maint ouvrage atroce
Peut, d'un peuple mouton, faire un peuple *féroce.*
Mais, dit-on, par la loi que vous allez porter,
Des milliers d'écrivains cesseront d'exister :
Belle perte! A l'état sont-ils si nécessaires?
Pour un seul qui promet, combien d'auteurs vulgaires!
Nous en purgeons la France... et, s'il le faut d'ailleurs,
Nous saurons bien d'entr'eux distinguer les meilleurs,
Qui, par nous protégés, pourront, exempts de crainte,
Écrire décemment, et sans trop de contrainte :
— Comme Châteaubriand pourrait de son côté

S'ennuyer du silence et de l'oisiveté,

Au cas qu'il le désire, il aura l'avantage

D'écrire dans l'*Étoile*, à quatre sous la page ;

Lacretelle, Ségur, Barante, Villemain,

Lui devront au besoin donner un coup de main ;

S'il faut absolument que Lavigne rimaille,

Pour le *quatre novembre* on permet qu'il travaille ;

Benjamin, Montlosier, feront quelques sermons,

Jouy, des alphabets pour les petits garçons ;

Enfin, d'être sauvé si Béranger se pique,

Il pourra sans danger chansonner le cantique. —

Voilà de la douceur : mais des mauvais écrits

Les plus durs châtimens seront le juste prix :

Rien n'en peut aux auteurs sauver l'ignominie ;

Et, s'il est dans ce cas, le plus brillant génie

Ira dans quelque bagne, ou dans quelque prison,

Travailler à la chaîne, ou filer du coton.

(*Il s'arrête, et se tourne vers Truffaldin.*)

Eh bien ! mons Truffaldin, ne savez-vous pas lire ?

Après un tel morceau, c'est *bravo* qu'il faut dire :

Comment donc se fait-il, qu'oubliant ma leçon,

Vous restiez devant moi muet comme un poisson ?

TRUFFALDIN.

Monseigneur, c'en est trop ! il n'est plus temps de feindre

Mon indignation ne peut plus se contraindre;
Et, dans mon cœur surpris, la crainte, le courroux
Surmontent à la fin tout mon respect pour vous.

DRACONNET.

Qu'est-ce que c'est, monsieur? Et qui peut faire naître
Le scrupule nouveau que vous faites connaître?
Je croyais bien pourtant qu'il avait expiré
Sous les mets somptueux dont nous l'avions bourré :
Est-ce là , dites-moi, votre reconnaissance ?

TRUFFALDIN.

Je vous en dois beaucoup, je le sais ; mais la France
Aurait trop à souffrir du projet désastreux
Qu'ose Votre Grandeur exposer à nos yeux :
Ce n'est pas qu'en cela ma vertu considère
L'amour de la patrie, ou la peur de mal faire,
J'en ai su dès long-temps affranchir mon esprit;
De tous ces préjugés l'homme sage se rit;
Mais je frémis de voir que cette conjoncture
De nos petits péchés va combler la mesure,
Et que le dernier coup que vous osez porter,
Dans l'abîme avec vous va nous précipiter.

DRACONNET.

Où donc en est le mal? Compagnons de fortune,

La chance du destin doit nous être commune!...
Oui, je l'ai résolu, qu'on cède à mon désir :
Dût cette fois encor le destin me trahir,
Je veux faire éprouver mon *amour* à la France;
Puisqu'elle a ri long-temps de mon *indifférence*,
Je veux....

TRUFFALDIN.

Le calembourg est assez amusant :
Nous avons, je le vois, un *consul très-plaisant;*
C'est bien heureux pour lui... Mais, moi, je ne puis rire
Lorsque son imprudence aussi loin nous attire;
A ses autres projets j'ai pu donner les mains,
Mais il est une borne au pouvoir des humains,
Une borne, imposée au plus bouillant courage :
Croyez-moi, la prudence est la vertu du sage;
S'il faut, pour vous prouver mon respect, mon amour,
Voter vos autres lois, crier *l'ordre du jour,*
Aux discours ennemis prodiguer le murmure,
Hurler, selon les temps : *A l'ordre! La clôture!*
Ou même, chaque année, appuyer avec vous
Ce monstrueux budget, où nous pâturons tous....
Je suis là! Vous savez que mon cœur sans scrupule
Affronte le mépris comme le ridicule;
Mais, de quelque couleur qu'on puisse le parer,

Ce projet m'a semblé trop dur à digérer ;

Et que sera·ce donc, si jamais il arrive

Que vous le présentiez dans sa beauté naïve ?...

Bientôt un juste cri d'horreur et de courroux ,

De tous côtés parti, s'élancerait sur vous;

On verrait aussitôt, déchus du rang suprême,

Les six petits tyrans crouler sous l'anathème :

Et, comme il eût déjà tout pris sous son bonnet,

On conçoit bien qu'alors messire Draconnet

Ne serait pas sans peur, non plus que sans reproche ,

Et dirait, un peu tard : *J'ai fait une brioche!* —

Ne vous exposez pas à des regrets certains,

Seigneur; de vos amis concevez les chagrins,

Quand un nouveau concierge en vos nobles demeures

Voyant, selon l'usage, accourir à cinq heures

Les *trois cents* invités d'un banquet solennel ,

Leur dirait : *C'en est fait! le dieu manque à l'hôtel!*

DRACONNET.

Oh! je n'ignore pas qu'ils aiment ma cuisine,

Et moi par contre-coup, car c'est chez moi qu'on dîne.

Mais, si le sort trompait mon effort glorieux,

Cet hôtel cependant aurait de nouveaux dieux;

Et mes *trois cents* amis, pour avoir la pitance,

Leur iraient humblement tirer la révérence.

TRUFFALDIN.

Monseignenr....

DRACONNET.

Et vous même on pourrait vous y voir,
Car vous fûtes toujours très-fidèle... au pouvoir :
D'ailleurs, en ce moment, il s'agit d'autre chose,
Songez que c'est sur vous que ma faveur repose;
Songez que vos efforts doivent mieux qu'autrefois,
Envers vous, à leur tour, justifier mon choix.
Jusqu'ici votre tâche était assez facile,
Un peu plus de courage est maintenant utile;
Ne m'abandonnez pas au moment du danger,
Qui fit beaucoup pour vous peut beaucoup exiger!
Oui, vous m'appartenez, gardez-en la mémoire;
Croyez que Bonaparte, aux beaux jours de sa gloire,
N'eut point sur ses soldats des droits plus absolus,
Il disait : *Mes grognards!* moi je dis : *Mes ventrus!*
O nobles instrumens de toute ma puissance !
Il faut récompenser ma longue patience.....
Mais vous bien souvenir, pour n'en point abuser,
Que je vous fis moi-même.... et pourrais vous briser'

TRUFFALDIN.

Ah! ce beau mouvement n'attendrit point mon âme;

Voyez-vous, monseigneur, il faut changer de gamme;
Votre projet vous plaît, gardez-le donc pour vous...
Moi, je n'y vois du reste à gagner que des coups :
Que si votre pouvoir marche à sa décadence,
Faire route avec vous serait une imprudence ;
D'ailleurs, assez long-temps mon art sut l'appuyer,
Et je m'ennuie enfin d'un si vilain métier.

DRACONNET.

Ah ! ah ! le prenez-vous ainsi, monsieur le drôle ?
Nous allons en ce cas jouer un nouveau rôle :
Trop bon jusqu'à présent, si je vous fis du bien,
Je puis....

TRUFFALDIN.

Votre menace à mes yeux n'est plus rien !

DRACONNET.

Non, de ce calme en vain votre orgueil se décore,
Vous avez des emplois, vous me craindrez encore ;
Vous avez des parens qui, par mes soins placés,
Par mes soins aussi bien se verraient renversés :
Oh ! quoique mon pouvoir vous paraisse fragile,
Le heurter maintenant n'est pas chose facile;
Et, ce qui va bien mieux en prouver les effets,
C'est que j'ose à moi seul ce qu'on n'osa jamais :

Renverser d'un seul coup, et dans le même abîme,
Tout ce qu'il est de beau, d'utile, de sublime...
Un si grand tour de force a de puissans appas,
Il plaît à mon courage, et ne l'étonne pas!
Ce peuple de badauds courbera sous ma chaîne;
A coup sûr son effroi me défend de sa haine...
C'est en vain qu'un instant, sortant de son repos,
Sa timide fureur s'exhale en vains propos;
Pour soutenir ses droits que, dit-il, je profane,
Il invoque le trône... Eh bien, j'en suis l'organe!
Il invoque Thémis... J'en dicte les arrêts!
Il invoque les lois... et c'est moi qui les fais!

TRUFFALDIN, *ébranlé*.

Oui, je dois avouer....

DRACONNET.

Sachez mieux me connaître:
Sûr d'un heureux succès, j'ai des raisons pour l'être;
Bientôt, quand à mes vœux tout se sera soumis,
Triomphe et récompense à mes dignes amis!
A ceux, qui m'appuyant dans un si noble ouvrage,
N'auront point un instant douté de mon courage...
Mais opprobre à celui qui, perfide apostat,
Aura quitté son maître au moment du combat!

TRUFFALDIN.

Je n'y puis résister : l'éloquence m'entraîne,
Je vous demande grâce, et je reprends ma chaîne;
Mon digne bienfaiteur, daignez me pardonner
L'écart où ma faiblesse avait pu m'entraîner;
Rendez-moi votre amour, calmez votre colère....

DRACONNET, *tendrement.*

Truffaldin, j'ai pour toi des entrailles de père :
Sois docile à mes vœux, et bientôt tu verras
Que de *notre embonpoint tous nos amis sont gras;*
Même, afin d'affermir une amitié si pure,
Je pourrai, t'inscrivant pour une préfecture,
A ta fidélité l'offrir au premier jour....

TRUFFALDIN.

O Dieu! quelle *justice!...* et surtout quel *amour!*

DRACONNET.

Tu vois mon amitié, tu vois ma bienveillance;
Mais je compte, à mon tour, sur ta reconnaissance :
Feras-tu maintenant ?....

TRUFFALDIN.

Tout comme il vous plaira!

Je vote désormais tout ce que l'on voudra !

Oui je vote.... *Quand méme !*

DRACONNET.

Ah ! c'est comme il faut être :

Mon petit Truffaldin, viens, embrasse ton maître !

Mon ami, mon espoir.... Je t'attends à dîner :

(*A part avec triomphe.*)

Oh ! que nous savons bien nous les *acoquiner !*

www.ingramcontent.com/pod-product-compliance
Lightning Source LLC
Chambersburg PA
CBHW060156100426
42744CB00007B/1052